一番くわしい
苔の教科書

STUDIO TAC CREATIVE

PREFACE

はじめに

苔を暮らしに取り入れる

いつもの散歩道や通勤路、近所の公園、ひっそりと佇む神社の境内…そんな日常のいたるところに苔は存在しています。意識せずに見ていると、どれも同じ「ただの苔」ですが、近づいてよく観察してみると、それぞれ違う姿かたちをしていることがわかります。

日本には約1,800種の苔がいるにも関わらず、普段その違いを意識することは多くありません。しかし園芸の世界では、昔から苔は欠かせないものとして重宝されてきました。最近では苔玉やテラリウムなど、気軽に苔を楽しめる方法が確立し、ホームセンターなどで苔が販売されているのを見かけることも多くなりました。そんな苔を存分に楽しめるように、苔を使った作品のつくり方やお手入れの方法、アレンジ例などを紹介しているのがこの本です。生きた素材である苔は時間とともに変化し、季節によってさまざまな表情を見せてくれます。そのため苔の世話をしていると、気温の変化に敏感になったり、季節が変わっていくことを楽しみに思えたりするようになります。まずは気軽に苔を生活に取り入れてみて、その魅力を感じてください。

顔付き苔玉「こけっぴ」

ミズゴケで作ったとは思えない可愛さの、顔付き苔玉。口の角度や目の位置によって、表情も自由自在です。

5

苔玉ハーバリウム

近年大流行のハーバリウムも、苔玉入りは珍しいはず。オイルの中でユラユラと漂う苔玉から目が離せません。

ヤマゴケとケヤキ
の直幹盆栽

モミジと同様、四季の変化で楽しませてくれるケヤキの苔盆栽。和の植物にはヤマゴケがよく合います。

苔と流木で作る ビオトープ

流木に3種の苔をはった、小さなビオトープ。「ただのテラリウムじゃつまらない！」という人におすすめです。

日本庭園風 苔盆栽

化粧砂や小石をレイアウトして、枯山水風に表現した苔盆栽です。気分で配置を変えるなど、アレンジを楽しめます。

トクサとヒメギボウシの寄せ植え苔盆栽

和の風情漂うトクサとヒメギボウシを合わせた、寄せ植え苔盆栽。植物の高低差が、メリハリを生んでいます。

モミジの
石付き風苔盆栽

ヤマゴケの隙間から見える石にモミジの根をかけた、ダイナミックな作品。大自然のたくましさが表現されています。

ハート型の釣りシノブ

江戸時代から続く古典園芸のひとつ「釣りシノブ」の現代版です。芯にはミズゴケを使い、ハート型にしました。

オープン型 苔テラリウム

シノブゴケとヒツジゴケをレイアウトし、間に道を通しました。アスパラを挿し、フィギュアも置いて賑やかな印象です。

密閉型
苔テラリウム

ハイゴケとヤマゴケをレイアウトした緑の芝生の上に、シマウマを立たせました。牧草地の雰囲気に癒されます。

苔盆景
テラリウム

5種の苔をレイアウトして作る、苔盆景のテラリウムアレンジです。土を使わず苔のみで情景を描いています。

苔盆景で表す自然の風景

ウッドチップで切り立つ山を表現。白と青の化粧砂は川を、オレンジの化粧砂は湖をイメージしています。

山奥の景勝地

山道、滝、池といった要素を手のひらサイズに詰め込んだ、力作の苔盆景。苔も細かく切ってはっています。

モス
タペストリー

市販のスタンドで作る、生きた苔のモスタペストリーです。色々な苔を組み合わせ、貼り絵感覚で楽しめます。

宙に浮く 苔玉テラリウム

ビンの中に浮いているのは、ヤマゴケを丸めた苔玉。普通の苔玉でもテラリウムでも満足できない人はぜひ!

ミックス苔の モスボール

ハイゴケとヤマゴケをミックスして作るモスボール(一番左)。ミズゴケやホソウリゴケを混ぜても面白いです。

CONTENTS
目次

苔について知ろう ……………… 21
- 苔と他の植物の違い …………… 22
- 集まって生きる ………………… 23
- 苔の構造 ………………………… 23
- 日本は"苔大国"！ ……………… 24
- 苔を入手する方法 ……………… 24
- 苔の増やし方 …………………… 25
- 苔の楽しみ方 …………………… 26
- あると便利な道具 ……………… 28

苔玉 ………………………………… 31
- フサフサの苔で植物を包む …… 32
- いろいろな苔玉の種類 ………… 33
- モミジとハイゴケで作る一株植え苔玉 …… 34
- **ONE MORE** 苔玉の形状 ……… 39
- 苔玉の管理とお手入れ ………… 40
- 水のあげ方 ……………………… 41
- **COLUMN** フェイクモス・プリザーブドモス …… 42
- ヤマゴケで作る寄せ植え苔玉 …… 43
- 逆さオリヅルランの吊り苔玉 …… 46
- **ONE MORE** 経過を楽しむ …… 50
- 苔玉いろいろ …………………… 51
- 顔付き苔玉こけっぴ …………… 54
- **ONE MORE** こけっぴのアレンジ …… 59
- プリザーブドモスで作る苔玉ハーバリウム …… 62
- 苔玉ハーバリウムの一例 ……… 66

苔盆栽 67

- 苔盆栽の魅力 68
- 苔盆栽の種類 69
- 盆栽のセオリーを身に付ける 70
- 季節の変化を楽しむ 71
- 苔盆栽を楽しむためのワザ 72
- ヤマゴケのミニ苔盆栽 74
- **ONE MORE** 底上げしない作り方 76
- 2種の苔で作る枯山水風苔盆栽 77
- 枯山水風 苔盆栽の表現例 80
- ヤマゴケとケヤキで作る直幹盆栽 82
- **COLUMN** 盆栽鉢の種類 85
- トクサとヒメギボウシの寄せ植え苔盆栽 86
- 針金かけの手順 90
- モミジとヤマゴケの石付き風苔盆栽 93
- いろいろな苔盆栽 98

苔盆景 99

- 手のひらサイズに風景を閉じ込める ... 100
- 苔盆景のメンテナンス 101
- 四季折々の苔盆景 102
- 苔盆景で表す自然の風景 106
- 苔とテーブルヤシで表現する
  山奥の景勝地 111

CONTENTS
目次

苔テラリウム 117
- 透明な容器に閉じ込めた緑の森 118
- テラリウムの土 118
- 苔テラリウムの種類 119
- 苔テラリウムの管理・お手入れ 120
- ハイゴケとヤマゴケで作る密閉型テラリウム 122
- ヒツジゴケとシノブゴケのオープン型テラリウム 125
- 宙に浮く苔玉テラリウム 129
- 複数の苔で作る苔盆景テラリウム 134
- いろいろな苔テラリウム 139

まだまだある！その他の苔作品 141
- 苔と流木で作るビオトープ 142
- 4種の苔で作るモスタペストリー 146
- ハート型の釣りシノブ 150
- ミックス苔のモスボール 156
- その他の作品 159

苔の図鑑 161

苔 何でもQ&A 182

苔や植物を扱うお店 189

監修者紹介 191

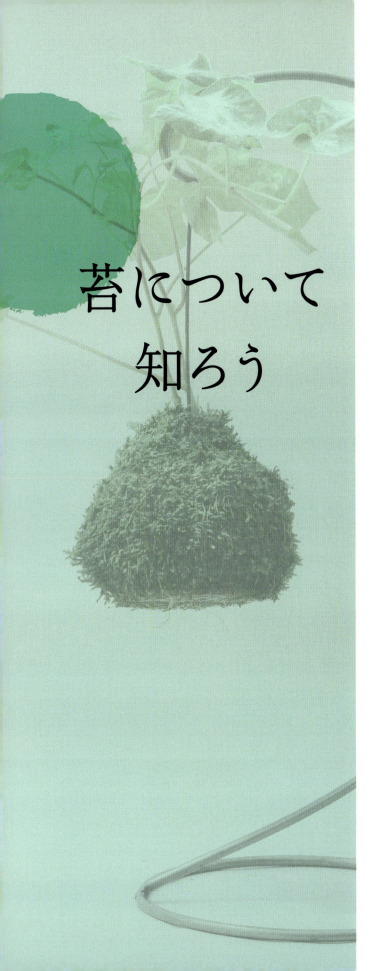

苔について知ろう

Basic Knowledge

ここでは、「そもそも苔って他の植物と何が違うの?」という人のために、苔についての基礎知識を解説します。苔の入手方法や増やし方、楽しむための道具も紹介しています。

苔と他の植物の違い

アスファルトの隙間や木の表面、神社の石など、苔は、私たちの生活のあらゆる場所で見ることができます。「苔むす」という言葉があるように、日本人は苔を"古びゆくもの"、"悠久な大自然"の象徴として、古くから鑑賞の対象としてきました。
苔の大きな特徴のひとつに、「土が無くても生きていける」ということが挙げられます。生きるために必要な日光や水分を、葉や茎の表面から吸収できるため、土の上だけでなく石や木の表面で生息することもできるのです。

苔

特 徴
- 土が無くても生きていける
- 必ず集団で集まって生きている
- 維管束（水分や養分を運ぶ管）が無い
- 葉や茎などの表面から水を吸う
- 乾燥すると休眠状態に入る
- 胞子で増える

苔以外の植物

特 徴
- 土が必要（水耕栽培を除く）
- 単体で生息している植物が多い
- 維管束がある
- 維管束で水を吸い上げる
- 乾燥すると枯れてしまう
- 種子や胞子で増える

集まって生きる

私たちが"苔"と聞いて思い浮かべる緑色の塊は、たくさんの苔が集まっている状態です。街中で見かける苔も、自然豊かな場所に生える苔も、必ず大勢で集まってコロニー（群れ）を作っています。集団で生息することで、お互いに倒れないように支え合い、水分を吸収する面積を増やし、そして水分を保持しやすくしています。

どの苔も、必ず集団で生息している。互いに支え合うことは苔にとって、とても合理的な生き方といえる

苔の構造

苔の1本1本は、根（仮根）、茎、葉、朔平（さくへい）、朔（さく）という主に5つの部位から成っています。仮根は本当の根ではなく、ヒゲのような形状で、体を地面に固定させるためにあります。

苔も他の植物と同じように、季節によって変化します。だいたい2月〜3月にかけて朔平の先端が膨らんできて、胞子の入った朔ができます。そして成熟すると、朔が破れて中から胞子が飛び出します。多くの苔は胞子を飛ばすこと以外に、葉の一部や芽を飛ばして繁殖する、無性生殖も可能です。そのためP.25で紹介しているような方法で、簡単に増やすことができます。

丸く膨らんだ朔が特徴的な、タマゴケ（P.181参照）の構造。春になると朔が丸く膨らみ、最初は緑色だが熟すと赤色に変わる

23

日本は"苔大国"！

世界には約18,000種の苔が確認されており、日本にはその中の約1,800種が生息しています。私たちが"苔"と聞いて思い浮かべる、フサフサとしたコロニー状の苔は、苔の中でも「蘚類」というグループに分類されます。本書で何度も登場するハイゴケやヤマゴケ（アラハゴケやシラガゴケの総称）、ヒノキゴケなどは全て蘚類です。一方で、ゼニゴケのように葉が平べったく広がる苔は「苔類」、茎と葉の区別がない、細長い胞子体を持つ苔は「ツノゴケ類」に分類されます。

分類	主な苔
蘚類（マゴケ植物門）	ミズゴケ、ハイゴケ、スギゴケ、シラガゴケ、タマゴケ、コツボゴケ　など
苔類（ゼニゴケ植物門）	ゼニゴケ、ジャゴケ、ウロコゴケ、むくむくゴケ　など
ツノゴケ類（ツノゴケ植物門）	ツノゴケ、ナガサキツノゴケ、ニワツノゴケ　など

苔の3分類と、各分類に含まれる主な苔。日本に生息している約1,800種のうち約1,100種が蘚類で、約600種が苔類。ツノゴケ類はたった17種しかいない

苔を入手する方法

買う

ホームセンターや園芸店に行けば、パック詰めやトレーで販売されている苔を購入できます。また、最近ではインターネット販売を行なっている業者も増え、以前よりも気軽に苔を入手できるようになりました。

ホームセンターなどで売られている苔は、野生の苔をもとに増やしたもの。入手難度や育てやすさによって、値段が異なる

採取する

野生の苔を採取して、育てたり増やしたりすることもできます。都会で採取できるホソウリゴケやギンゴケは乾燥した環境にも強いため、育てやすい苔です。ただし苔を採取する際は、その敷地の持ち主や管理者に許可を取りましょう。神社やお寺の苔を、勝手に採取してはいけません。

神社や公園に行けば、高い確率で苔のコロニーに出会うことができる。採取する場合は必ず許可を得ること

苔の増やし方

蒔きゴケ

ハイゴケやヤマゴケ、スナゴケなどは繁殖力が強いため、細かく分けた苔を土の上に蒔き、水をあげていれば、ある程度増やすことができます。この方法の場合、時間はかかりますが、少量の苔でマット状に増やせるため、苔玉や苔盆栽に使いやすいというメリットがあります。蒔いた苔が鉢全体を覆うマットを作るまでには、1年程度かかります。

01 鉢に赤玉土を敷き、その上に増やしたい苔（ここではヤマゴケ）を、細かく分けて蒔く

02 苔と土全体が濡れるように、霧吹きで水を与える。その後、2、3日に1度のペースで水をあげながら、増えるのを待つ

03 早く増やしたい場合は、ラップをかけて湿度をキープする

移植

小分けにした苔を植え付ける方法で、コウヤノマンネングサやカサゴケなど、地下茎で増えるタイプの苔に適した方法です。土に植えるのが一般的ですが、ミズゴケを敷き詰めたところに苔を挿す方法でも増やすことができます。

容器の底いっぱいにミズゴケを敷き詰め、カサゴケを立たせて移植。乾燥に弱いため、密閉された容器でテラリウム仕立てにして増やすと良い

苔の楽しみ方

「わび・さび」を好む日本では、昔から盆栽や日本庭園などに苔が利用されてきました。その後、苔玉や苔テラリウムなど、幅広い苔の楽しみ方が考えられ、現在まで発展してきています。

本書では、苔の楽しみ方を5つの章に分けて解説しています。作品ごとに製作難易度を★の数で示しているので、興味を持った作品や"これならできそう"と思ったものから始めてみてください。

"生きた素材"である苔だから、作って終わりではなく育てる喜びも味わえる

苔玉（P.31～）

植物を苔で包んで丸めた苔玉は、日本だけでなく海外でも人気の苔園芸です。どの植物で作るか、どの苔で包むかを考えることが楽しく、観葉植物や多肉植物を選べば、室内で楽しむことも可能です。

ニチニチソウをハイゴケで包んだ苔玉。大切に管理すれば、毎年キレイな花を咲かせてくれる

苔盆栽（P.67～）

盆栽において"大地"を表す土に苔をはったものが、苔盆栽です。「盆栽」と聞くと渋い趣味だと思う人も多いですが、使う器や挿す植物によって雰囲気は大きく変わります。

ミニバラの苔盆栽。仕込んだ後は水やりや葉の剪定を行ないながら、植物の成長や季節の変化を楽しむ

苔盆景（P.99〜）

石や木など様々な素材と苔で、お盆の上に景色を表現する苔の楽しみ方です。植物を加えたりフィギュアを置いたりと、園芸とジオラマの要素を掛け合わせたような面白さがあります。

複数の苔とヤシ、木や石などの素材を駆使した苔盆景。作り込むのが好きな人におすすめの楽しみ方だ

苔テラリウム（P.117〜）

透明な容器の中で苔を育て鑑賞するテラリウムは、気軽に苔を楽しみたい人にぴったりです。ふた付きの容器で密閉したり、金魚鉢を使ったりと、容器によって作品の雰囲気が変わります。

5種類の苔が共生する苔テラリウム。石やフィギュアを置いてアレンジするのも楽しい

その他（P.141〜）

これまでに挙げたジャンル以外の、苔を使った作品も紹介しています。例えば、古来からの伝統園芸「釣りシノブ」を苔で作るものや、苔を活かしたビオトープ（右写真）など、今までになかった苔の楽しみ方を提案します。

水を溜めた容器に苔をはった流木を入れた、小さなビオトープ。タニシやメダカなどを飼うこともできる

あると便利な道具

万能バサミ

左右対象の持ち手で、手になじみ使いやすく、盆栽から農作業まで幅広い用途に使えます。迷ったら、まずはこれ1本から始めましょう。

剪定バサミ

植木や盆栽の剪定に適したハサミ。ステンレス製と鉄製があり、ステンレス製は錆びにくく高価、鉄製は切れ味が良いという違いがあります。

さつきバサミ

庭木や盆栽の芽切りや、細い枝の剪定に適したハサミ。持ち手に隙間があり、開閉しやすい点がポイントです。

針金切

針金を切るためのハサミで、ニッパーでも代用できます。園芸用のハサミで切ると刃が傷むため、オススメしません。

ヤットコ

針金を曲げる際に使用する道具で、ラジオペンチなどでも代用できます。

ニッパー

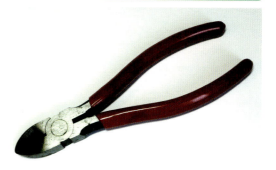

盆栽の枝や針金を切るのに使えます。最初からさつきバサミや針金切を揃える必要はなく、ニッパーで充分です。

又枝切りバサミ

幹から枝を切り落とす際に使用する、盆栽では定番のハサミ。これを使えば、太めの枝や根を切った時にこぶになりません。

テグス

苔玉を作る場合は必須のアイテム。苔を固定するために巻いて使います。50m巻きや100m巻きで数百円と、安価で手に入ります。

鉢穴ネット

鉢の底に空いている穴から土が流出したり、虫が入ってきたりするのを防ぐネット。鉢穴の大きさに応じて、切って使います。

盆栽ピンセット

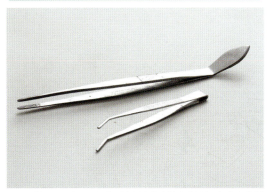

小さな苔をつかんだり、伸びすぎた葉を摘んだりと、細かな作業には欠かせません。ヘラ付きタイプは、土を入れ込む際などに便利です。

針金（アルミ線）

盆栽の針金かけや根留めに使う針金で、苔盆栽でも欠かせないアイテムです。

グルーガン

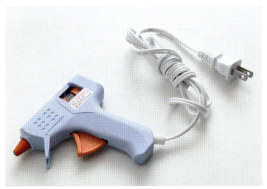

熱によって溶かした樹脂で接着する、ジオラマ作りやDIYでは欠かせない道具。本書では、苔盆景の作品づくりで使用します。

卓上ほうき(チリトリ付き)

散らばった苔や砂などを掃除するのに便利な、卓上タイプのほうきとチリトリです。

土入れ

土を鉢に入れるための道具。ペットボトルをカットしたもので代用することもできます。

じょうろ

苔玉や苔盆栽に水をあげるためのじょうろ。大きなものでなく、ペットボトルの口に付けるタイプで充分です。

霧吹き

苔玉やテラリウムに水をあげる際や、植物の葉や土を湿らせる際に使います。細かい霧が出るタイプがおすすめです。

割り箸

苔玉づくりでテグスを苔の中に入れ込んだり、植物の根をほぐしたりするときなど、多くの場面で使用します。

ボウル・トレー

ボウルは乾燥ミズゴケを水で戻し柔らかくする用途で使います。トレーは材料を並べたり、土を払った植物を一旦置いておくために使います。

苔玉

Koke-Dama

コロンとした丸いフォルムに、フサフサの苔。植物の根を苔で包んだ苔玉は、見ているだけで癒されます。苔や包む植物の種類によって見た目も育ち方も全然違うのが、苔玉の面白いところです。ここでは、様々な種類の苔玉の作り方・楽しみ方を紹介します。

フサフサの苔で植物を包む

花や樹木、観葉植物などを苔で包んで丸めたもの、それが苔玉です。丸い緑のフォルムは見ているだけで癒され、管理もしやすいため、「生活に緑を取り入れたい!」という人にぴったりです。

包む植物によって全く違う作品になるのはもちろん、使う苔の種類によっても印象が大きく変わります。苔玉の大きさは基本的に植物の大きさによって異なり、手のひらサイズから両手でないと持てないものまで様々です。

苔玉は2〜3日に1回程度の頻度で水をあげます。夏場は乾燥しやすいため、1日に1、2回「表面が乾燥してきたな」と感じたら水をあげましょう(水のあげ方はP.41で詳しく解説しています)。

好きな植物を好きな苔で包み、好きな器に載せて鑑賞。園芸としてもアートとしても楽しめる

適切に管理していれば、一年中キレイな緑色を保っていられるので、部屋のインテリアとしても人気がある

花(マリーゴールド)の苔玉。花の状態は季節によって変化するが、苔はきちんと管理すれば1年中、緑を保っている

使う苔の種類によっても、印象がグンと異なる。管理しやすいハイゴケやヤマゴケで作るのが定番だが、ヒツジゴケやホソウリゴケなども苔玉に適している

いろいろな苔玉の種類

一株植え苔玉（→P.34）

1株の植物を苔で包んだ、もっともスタンダードな苔玉

寄せ植え苔玉（→P.43）

2種類以上の植物を寄せ合わせて作る苔玉。個性的な苔玉を作れる楽しみがある反面、それぞれの植物の育ち方や適する土を考慮して合わせる必要があり、管理に気を遣う

吊り苔玉（→P.46）

時間の経過とともに、ミズゴケが光合成で緑色に、オリヅルランの葉は太陽に向かって立ち上がり、活き活きとした変化が楽しめる

「こけっぴ」（→P.54）

本書監修の石戸氏オリジナルの顔付き苔玉。目の位置や口の角度を変えて表情を変えたり、ヒゲを生やしたりして楽しめる。子どもにも大人気！

苔玉ハーバリウム（→P.62）

苔玉をオイルに浸けて観賞する、和洋折衷な作品

モミジとハイゴケで作る

一株植え苔玉

モミジの根をハイゴケで包んだ、シンプルな和風の苔玉。ハイゴケはシート状で生育しており、苔玉作りに適したサイズで販売されているため、初めて苔玉を作る人にもっともオススメの苔です。

難易度 ………………………………… ★

[用意するもの]

- ハイゴケ
- 土（赤玉土（小）とケト土を1：1の比率で合わせ、その合計に対してゼオライトと鹿沼土を1割ずつ加える）
- テグス（約5m）
- 植物（モミジ）
- ラップ

苔玉

Step.1

苔玉の
土台づくり

01 苔玉にする植物を用意する。最初は管理が楽な観葉植物がオススメ

02 植物を傷つけないようにポットの底を軽く押しながら、そっと鉢から取り出す

03 根を優しくほぐしながら、割り箸などの棒を使って根に付いた土を落とす

04 P.34に記載した土を全体的に湿らせてから、混ぜ合わせる。ケト土は落ちにくいので、気になる場合は手袋を着用して作業すると良い

05 少しずつ水を加えて湿った状態を維持しながら、最終的に耳たぶくらいの柔らかさになるまで、よく練る

Step.1 苔玉の土台づくり

Point

06 柔らかくなったようでも、練っていると固くなるため、07の状態まで練り続ける

07 表面にうっすらと潤いが出るまで練ったら丸める（ヒビが入るようなら練りが不充分）

Step.2

植物を包む

07の土を半分くらいに割る

08

09 割った土の一方に植物の根を乗せ、反対側にもう一方の土を合わせる

両手で土を包み、おにぎりを握る要領でなじませる

10

11 このように多少の根がはみ出していても、苔で覆うため問題ない

苔玉

Step.3

苔はり

12 霧吹きを使い、ハイゴケを湿らせる

13 ラップを苔のサイズより一回り大きく切り、ハイゴケの裏を上に向けてラップにのせる

14 裏側も湿らせてから、ハイゴケの上に11を置く

15 余分をハサミでカットする

Point

16 ハイゴケの角を持ち上げた際、ちょうど頂点にくるサイズに切る

17 ハイゴケをラップごと持ち上げて土を包む

18 対角線上に持ち上げたハイゴケの角と角を合わせた後、残った2点も持ち上げて合わせる。苔の裏地と土が活着するように、手で包みジワッと圧力をかける

Step.3 苔はり

19 テグスを約5m用意し、ハイゴケの上から巻いていく

20 テグスの端を手で押さえて動かないようにし、軽く食い込むくらいの強さでテグスを使い切るまで巻く

Point

○ 糸は常に植物の右側(左利きの人は左側)で巻き、1周巻くたびに苔玉を少しずつ回す

21

× 糸を動かして巻くと、斜めにした際に葉に引っ掛かってしまい上手く巻けない

22

23 端はそのままでも良いが、気になる場合は割り箸で土の中に押し込んで処理する

完成

24 テグスを巻き終えたら完成。P.70を参考に正面を決め、器に乗せる

ONE MORE 苔玉の形状

苔玉の形状は手で力を加えれば簡単にアレンジすることができます。
ここでは、代表的なアレンジの一例を紹介します。

● アシンメトリー

スタンダードな
真球の苔玉

底を器に押しつけて平らにし、植物を斜めに曲げてアシンメトリーに

● 楕円形

両手で苔玉を持ち、植物の左右両側をグーっと押す

頂点が潰れた、
楕円形の苔玉

● シズク型

苔玉の上部〜頂点部を押し込んですぼめる

頂点が尖った、
シズク型の苔玉

苔玉の管理とお手入れ

基本は屋外の日なたで管理

苔玉は基本的に、屋外の日当たりの良い場所で管理します。夏場は葉焼けしてしまうため、日陰に置きましょう。ただし、最適な管理方法は包む植物によって異なり、例えば観葉植物や多肉植物であれば室内に置いても構いませんが、室内でも明るい場所に置いてあげましょう。

植物	置き場所
モミジ	日当たりが良く風通しの良い場所
テーブルヤシ	日差しがある程度当たる場所（強い日差しはNG）
ドラセナ	日当たりの良い屋外または屋内
ポトス	「耐陰性」があり、日陰でもOK（直射日光は避ける）
ヒマワリ	日当たりが良く風通しの良い場所
ハツユキカズラ	日なた（夏季は日陰でもOK）
マリーゴールド	日当たりが良く風通しの良い場所
ニチニチソウ	日当たりが良く風通しの良い場所
ペンタス	日当たりが良い場所（冬場は室内）
カエデ	日当たりの良い場所（夏場は西日を避ける）
ハゼ	風通しの良い場所（夏場は西日を避ける）
磯ザンショウ	日当たりが良く風通しの良い屋外
真柏	日当たりが良く風通しの良い屋外
タマリュウ	日陰でもよく育つが乾燥に弱い

本書で紹介している苔玉に使用した植物ごとの、適切な置き場所。ここに掲載されていない植物を選ぶ場合は、お店の人に聞いたりインターネットを使って、あらかじめ調べておこう

寄せ植え苔玉（P.43〜参照）では、それぞれの植物にとって良い置き場所を知っておくことが大切。日なたを好む植物と半日陰を好む植物など、生育環境の異なる植物同士を合わせることは避けよう

葉が黄色くなった際のお手入れ方法

苔が黄色くなる原因は主に、①水切れ、②光合成不足（葉枯れ）、③日に当て過ぎ（葉焼け）の3通りです。黄色くなった苔自体は緑色に戻りませんが、水や日光を与えると新しく生えてきた苔が、枯れた苔や黄色くなった苔を覆い隠してくれます。黄色くなった苔が多い場合は、切り落としてしまい、緑色の元気な部分を表面に出しましょう。

枯れて黄色くなった苔を、ハサミで切る

苔玉全体をラップで巻き、保湿する。こうすることで元気な苔が成長し、残っている黄色い部分を隠してくれる

日光の当たらない環境に長期間置いていたために葉枯れしてしまった苔玉。ここまで黄色い部分が多くなってしまっても、右の方法で緑色に戻すことができる

水のあげ方

腰水

苔玉を載せた受け皿に水を差し、苔玉に吸収させる方法です。この方法で2〜3日に1回程度、水をあげましょう（置き場所や季節によって回数は変わります）。

苔玉を載せた受け皿に、約2cm（苔玉の底が浸る程度）の水を差す

2分くらいで苔玉が水を吸い上げる。水腐れしやすいため、余った水は捨てる

どぶ浸け

苔玉の部分を水に浸け、玉全体に水を吸収させる方法です。2〜3日に1回程度、この方法で水をあげます。どぶ浸けすると水が循環するため、水腐れの防止になります。そのため普段は腰水でも、10日に1回はどぶ浸けで水をあげましょう。

ボールに水を溜め、苔玉の部分を水に浸ける（植物は水に浸けない）

苔玉を浸けると気泡が発生するので、気泡が止まるまで待つ。気泡が止まったら、水から出す

COLUMN
フェイクモス・プリザーブドモス

最近ではクラフトショップやホームセンターなどでも、様々な"コケ"を見かけます。ここでは、それらの違いを知っておきましょう。

クラフトやインテリアに気軽に緑を取り入れるアイテムとして、近年は人工的に作られたコケの製品が多く販売されています。これらのコケには2種類あり、1つは「フェイクモス」と呼ばれる、化学素材で作られたニセモノのコケです。もう1つは「プリザーブドモス」と呼ばれる、本物の苔を色付け加工したものです。フェイクモスの場合は少し見ただけでもニセモノと分かる質感をしていますが、プリザーブドモスはもともと本物なのでリアルな苔の雰囲気を出すことができます。ただし、プリザーブドは"本物だが死んでいる"状態なので、時間が経っても変化しません。そのため「変化を楽しむ」という園芸の醍醐味を味わえない点が、本物の苔との大きな違いです。

❶ フェイクの苔玉（化学素材）
❷ フェイクの苔シート（化学素材）
❸ プリザーブドのハナゴケ（本物だが生きていない）
❹ プリザーブドのハイゴケ（本物だが生きていない）
❺ 本物のヤマゴケ（生きている）
❻ 本物のハイゴケ（生きている）

"変化を楽しめる"ことが生きた苔を使う醍醐味だね！

ヤマゴケで作る

寄せ植え苔玉

1つの苔玉で2種類以上の植物を包み、寄せ植え苔玉を作ります。植物は同じ環境で育つものどうしを選びますが、葉の伸びる方向や色などの特徴が全く異なる植物どうしを合わせるのがセオリーです。

難易度 …………………………… ★★

[用意するもの]

- ヤマゴケ
- 土(ケト土1：腐葉土1を合わせ、その合計に対して1割のゼオライトを加える)
- テグス(約5m)
- 植物(ドラセナ・ポトス)
- 盆栽用の針金(太さ約2mm)

※もっとケト土を多くする場合もあるが、ケト土が多いと粘りが強すぎて根が伸びにくいため、本書では3種を同程度の比率で混ぜて使用する

43

Step.1 苔玉の土台づくり

Step.1 苔玉の土台づくり

01 寄せ植えにする場合は、このように根が見えるまで土を取り除く

Point
02 2種類の植物を合わせ、完成の構図とボリューム感などを決める

03 P.35～36を参考に、土をよく練っておく。02で決めた状態をキープしながら、土を複数回に分けて根の周りに付けていく

04 苔を貼るとひと回り大きくなることを念頭に置き、作りたい玉の形に土を整えながら、根が覆われるように土をはる

Step.2 苔はり

05 ヤマゴケの厚みを減らしたい場合は、ハサミでカットしてから土にはっていく。ヤマゴケはハイゴケと違いシート状になっていないので、複数のブロックに分けてはる

苔玉

06 盆栽用の針金を、10cmくらいの長さに複数本切る。それらを右写真のように折り曲げてUピンを作る

07 ヤマゴケをはった上から、Uピンを差し込んで仮留めする

Point

08 ヤマゴケが出っ張っている部分はハサミで切り、次のブロックをはりやすいようにスペースを空ける

09 P.38と同様の方法で、ヤマゴケの上からテグスを巻く

10 根元の方に付いている葉は苔玉を隠してしまうため、間引いてしまう

11 苔がしっかりと見え、植物も活き活きとした迫力のある苔玉ができた

12 完成

植物にもよるが、寄せ植えの場合は大きな苔玉になる。一株植えと比べてみると、その大きさがわかる

逆さオリヅルランの
吊り苔玉

観葉植物のオリヅルランで、葉が下から上に立ちあがる変形苔玉を作ります。土を使わずにミズゴケを使い、水耕栽培仕立てにします。冷暖房などの風が直接当たる場所は避け、自然の風通しがある場所で管理しましょう。

難易度 …………………… ★★★

※制作後、およそ2年経過した状態

[用意するもの]

- ミズゴケ
- オリヅルラン
- テグス（約10m）
- 針金（2mmのバインド線）

苔玉

Step.1

オリヅルラン の準備

01 ボールに水を溜める。オリヅルランをポットから出し、土を落とす。水で洗ってよく落とす

02 水耕栽培仕立てにするので、これくらいしっかりと土を落とす

Point

03 ランナー(茎)は邪魔になるので、切り落とす

04 葉を束ねて、輪ゴムなどで留めておく

05 垂れ下がっている古葉があれば、この段階で切る

Step.2

ミズゴケはり

06 水を溜めたボールにミズゴケを15gずつに分けて入れ、揉み込む(P.55参照)

07 柔らかくなったミズゴケを少しずつ取り、オリヅルランの根に付けていく

Step.2 ミズゴケはり

08 こまめに濡らしながら、絞らずに苔をはっていく

09 根の全体を覆うまではったら、おにぎりを丸めるような要領で形を整える

10 約10mのテグスを用意し、表面に少し食い込む程度の力で縦横無尽に巻いていく

11 テグスを巻き終えたら、表面から飛び出ている苔をハサミでカットする

12 葉を束ねていた輪ゴムを外す

13 苔玉の底から植物の先端くらいまでの長さで、針金を切る

14 針金の一方の先端を、ニッパーで斜めにカットする

15 このように先端が尖った状態にする

苔玉

16 15の先端を苔玉の底から刺し込む

17 刺し込んだ針金を、頂点から貫通させる

18 貫通させた針金の先3〜4cmを、このようにU字に曲げる

19 U字にした部分の先端を、苔玉に埋め込む

20 苔玉を逆さに持ち、底から出ている針金を5cm程度残してカットする

21 18〜19と同様にU字に曲げてフックを作る（こちら側は苔玉に埋め込まない）

完成

22 これで吊り苔玉の完成。21のフックを突起などに吊り下げて鑑賞する

ONE MORE 経過を楽しむ

オリヅルランは水耕栽培で育つ観葉植物なので、水を与えればグングン成長します。カーテン越しなど、日光が間接的に当たる室内で管理しましょう。

● 3ヵ月

仕込みから約3ヵ月の状態。葉が徐々に上に上がってきて、ミズゴケは光合成で一部が緑色に変わっている

元気の無い葉やバランスの悪い葉は、間引いてキレイにする

オリヅルランは繁殖力が強いため、月に1回は間引くと良い

● 2年

仕込みから約2年が経過した状態。根が広がり、ほとんどの葉が苔玉より高く生い茂っており、ミズゴケは黒に近い色に変わっている

下を向いていた葉は遠慮なく間引いてしまう。先端は斜めにカット

先端を尖らせることで、全体的にシャープで美しい印象になる

全体を間引き終わった状態。下にある葉は新たにランナーが伸びてきたもの

苔玉いろいろ

花もの

ひまわりの寄せ植え苔玉

ひまわりとハツユキカズラを寄せ植えにした変形苔玉。ハツユキカズラは1年中手に入るため、苔玉にもオススメの植物です。

ニチニチソウの苔玉

ニチニチソウは初夏から秋の終わりまで花を咲かせるため、咲いた状態を長く楽しめます。水やりはこまめに行ないましょう。

マリーゴールドの苔玉

丈夫で育てやすいマリーゴールドは、苔玉向きの花といえるでしょう。ヴィヴィッドなオレンジ色と苔のコントラストが楽しい苔玉です。

ペンタスの苔玉

星型の花を咲かせるペンタスの苔玉。5月頃から花が咲き、夏の間中咲き続けます。

樹もの

カエデの苔玉

カエデの苗木を、チョウチンゴケで包んだ苔玉。テラリウムではよく見るチョウチンゴケも、苔玉では珍しい。濡らすと、キラキラと美しく輝きます。

ハゼの苔玉

漆の木として知られるハゼを、ヤマゴケとヒツジゴケのミックスで包んだ苔玉。

磯ザンショウの苔玉

常緑樹である磯ザンショウを楕円形の苔玉で包んだ、苔玉盆栽です。ヒツジゴケはハイゴケよりも葉が太く、ふわっとした印象です。

真柏の石付き風苔玉盆栽

盆栽では定番の真柏を使った、石付き盆栽風の苔玉。ヒツジゴケをはった苔玉を卵型にアレンジし、独特の雰囲気があります。

タマリュウの根上がり風苔玉

ミズゴケで作った苔玉の表面に、タマリュウの根を露出させた"根上がり風苔玉"。根の上からテグスを巻いています。

顔付き苔玉

こけっぴ

インテリア雑貨と観葉植物の要素を兼ね備えた、本書監修者考案の顔付き苔玉「こけっぴ」を作ります。土は使わずにミズゴケで作った苔玉に、好きな植物を挿し、顔のパーツを付けて作ります。親子で一緒に作って楽しんでも良いでしょう。

難易度 ………… ★★

[用意するもの]

- ミズゴケ
- 植物（テーブルヤシ）
- テグス（約10m）
- アニマルアイ
- アーティフィシャルフラワー

苔玉

Step.1

苔玉づくり

01 水を溜めたボールにミズゴケを入れ、手で揉んで柔らかくしていく。充分に揉み込まないと仕上がりが汚くなるので、02の左写真のように繊維が判別できなくなるくらいまで揉む

02 充分に柔らかくなったら、ボールの中でミズゴケを回すようにして大きな塊を作る。残ったミズゴケを加えながら、おにぎりを握るように丸くしていく

Point

03 途中で絞ると丸くならないので、絞らないでそっと持つ

04 乾かないように、小まめに水を加えながら丸くする。ミズゴケが充分に柔らかくなっていれば、右写真のようにキレイな球体になる

Point

05 揉み込みが足りないと、左のようなゴワゴワした状態になる

06 約10mのテグスを巻いていく。巻きが不充分な部分が無いように、縦横無尽に隙間なく巻く

Step.1 苔玉づくり

06 テグスの終わり15cm程を残し、割り箸で巻かれているテグスを2本以上すくう

07 テグスの端を、06ですくったテグスの中に通し、こぶ結びする

08 キレイな真球の形に整える

09 両手の人差し指で苔玉を押し込み、植物を挿す穴をあける（底のギリギリまで）

Step.2

植物を挿す

10 テーブルヤシを鉢から出す

11 根についている土は、ほぼ全て取り除く

12 水を溜めたボールに根を浸けて、残った土を洗い流す

苔玉

13 茎と根の境の位置を合わせ、根を4cm程度残して切る

14 切った根の先端を持ち、テグスに引っかけないよう注意しながら、穴の中に挿し込む

15 植物の根が穴の底に付くまで挿しこんだら、穴をふさぐ

16 穴をふさぐ際は両手で苔玉を持ち、左右からジワッと押さえる

17 バランスを見て、植物の角度を微調整する

18 毛羽立っている部分をハサミで切り、表面を滑らかに整える

19 飾りを付けたい位置に、割り箸を刺して穴をあける。ここではアーティフィシャルフラワーを挿して、髪飾りに見立てる

Step.3 顔づくり

Step.3

顔づくり

20 目を付ける位置にも穴をあけ、アニマルアイを挿しこむ（一般的に、両目が離れていると男の子っぽく、近づけて配置すると女の子っぽい印象になる）

21 顔の中央あたりにも穴をあけ、アニマルアイを挿し込んで鼻に見立てる

22 最後に口をつける。2mmの針金をU字に曲げ、U字の両端を奥に折り曲げる

23 バランスを見ながら、22で曲げた針金を刺し込む。針金の長さや角度で表情が変わる

24 好きな受け皿に置き、間接光が当たる風通しの良い室内に置いて管理する

完成

58

ONE MORE
こけっぴのアレンジ

こけっぴは手足を付けたり植物を変えたりと、自由にアレンジして楽しめる苔玉です。自分だけのオリジナルこけっぴを作って、楽しんでください。

● 手足をつける

このままでも可愛らしいが、飽きたらパーツを加えてアレンジしてみよう

針金を曲げて手足にすれば、躍動感が出る。植物もアスパラを加えてゴージャスに

● ハーブ

左：ミツバのこけっぴ。ミツバは暑さと乾燥に弱いので、半日陰の湿気が多い場所に置く
右：セロリのこけっぴ。夏場は霧吹きで小まめに水を与えよう

● 食虫植物

ハエトリグサのこけっぴ。ハエトリグサに触ると葉を閉じて獲物を捕らえようとするが、楽しいからといって何度も触ると弱ってしまうので注意

ウツボカズラのこけっぴ。葉が変形した袋が分泌液で虫を誘い込み、袋に入った虫を閉じ込める

● パンダ

目の周りに黒いフェルトでアレンジしたパンダのこけっぴ。多肉植物を挿して柔らかい雰囲気に

● 猫

口よりも細めの針金をヒゲに見立て、耳に三角形のパーツを付ければ、猫のこけっぴができる

四季のこけっぴ

ミズゴケで作るこけっぴは水耕栽培なので、一年中室内で管理できます。部屋のインテリアの1つとして、春夏秋冬さまざまなアレンジをして楽しむのもおすすめです。

アイビーとフィカスプミラの寄せ植えこけっぴ。以下では、季節ごとのアレンジを紹介する

春 桜
アーティフィシャルの桜やカスミソウを散りばめ、華やかな春の雰囲気を演出

夏 海
透明感のあるブルーの飾りや、海の生き物のフィギュア、貝などを並べて涼しげな印象

秋 ハロウィン
9～10月に100円ショップなどで販売される飾りを使えば、簡単にハロウィンテイストにアレンジできる

冬 クリスマス
ツリーやリースなどの飾りの他、赤いアーティフィシャルフラワーを添えてもクリスマスの雰囲気を出せる

プリザーブドモスで作る
苔玉ハーバリウム

プリザーブド加工されたハイゴケを使い、苔玉仕立てのハーバリウムを作ります。ハーバリウム専用のオイルを使用するのが基本ですが、サラダ油で代用することも可能です（サラダ油の場合は若干黄色がかった色になります）。

難易度 …………………… ★

[用意するもの]

- プリザーブドのハイゴケ
- プリザーブドフラワー各種
- テグス（約5m）
- 間口の広いビン
- ハーバリウムオイル
- モール（金）

苔玉

Step.1

苔玉作り

01 プリザーブドのハイゴケを集め、手で握って丸くする。テグスを巻くとふた回り程度小さくなるため、作りたい大きさよりも大きく作る

02 通常の苔玉を作るときよりも強く、テグスを巻く（隙間なく、全体に縦横無尽に巻く）

03 テグスを巻き終えたら、P.56の06～07と同じ方法で最後にこぶ結びをする

04 余分を切ったら、手のひらの上でくるくると転がし、キレイな真球にする

Step.2

ハーバリウムづくり

05 苔玉が、ビンの口を通る大きさであることを確認する

06 モールとプリザーブドフラワーを合わせ、ビンの高さに収まるかどうかも確認しておく

63

Step.2 ハーバーリウムづくり

07 06でビンの高さに収まらない場合など、プリザーブドフラワーは必要に応じて間引く

08 太めの棒を苔玉に刺し、プリザーブドフラワーを挿すための穴をあける

プリザーブドフラワーをまとめて束ね、08の穴に挿す
09

10 苔玉表面の、ケバケバしているコケをハサミで切って整える。ビンに入れる前に、プリザーブドフラワーの広がり具合などをチェックし最終的なアレンジを行なう

苔玉

ビンの底にモールを入れ、割り箸で押さえる
11

苔玉を入れ、割り箸で向きを整える
12

苔玉が浮かないように割り箸で押さえながら、ハーバリウムオイルを注ぐ
13

一旦、ビンのふちより少し下まで注ぐ
14

Point

15 このように気泡が発生するので、気泡が止まるまで割り箸で押さえて待つ

16 気泡が止まったら、ビンのふちギリギリまでオイルを注ぐ

ビンの蓋を締めて完成。オイルに入れると、実際より苔玉が大きく見える
17

完成

自然光でもキレイだが、ハーバリウム用のライトを当てると、よりムーディーな雰囲気に
18

苔玉ハーバリウムの一例

アクアリウム風

魚や貝のフィギュアを入れた、アクアリウム風ハーバリウム

ハナゴケ入り苔玉ハーバリウム

プリザーブドフラワーの上にプリザーブドのハナゴケを浮かべた、色彩豊かなハーバリウム

COLUMN 朝顔の吊り苔玉

つる性の植物である朝顔も、苔玉にして楽しむことができます。肥料は与えずに、しっかりと水と日光を与えればキレイな花を咲かせてくれます。

（8月上旬）5月にアサガオの種を植えた、ヒツジゴケの苔玉。1日1回、午前中に水やりを行なう

（8月中旬）ツボミが出てきて開花間近。ツルが伸びてきたらその都度切り、短い状態を維持する

8月下旬に開花。朝顔は夜明け前に開花し、その日のうちにしぼんでしまうため、早起きして観察しよう

苔盆栽

苔盆栽

Koke-Bonsai

鉢と植物で自然の情景を表現する盆栽の中でも、"大地"を表現する土に苔をはったものが苔盆栽です。土だけの場合に比べて、苔を用いることで森林や鬱蒼とした緑のイメージを表現することが可能です。

苔盆栽の魅力

そもそも盆栽とは

"盆栽"と聞くと、どこかかしこまった印象を受けるかもしれません。しかし簡単に言ってしまえば盆栽とは、「鉢や容器の中に植物を植えて、自然の情景や変化を楽しむもの」です。「園芸」と「盆栽」の違いは諸説ありますが、1つは植物と鉢の関係です。園芸の場合は植物に対して大きめの鉢に植えるのに対して、盆栽では小さめの鉢に植え、植物を大きく見せます。

"鉢に植えた植物"の状態（左）から、意図を持った作品（右）に変化させることで、「盆栽」と呼べるようになる

苔盆栽を作ろう

立派な松や真柏などの樹木が垂れ下がったダイナミックな作品もあれば、器に苔をはっただけのシンプルな盆栽もあります。日当たりに気をつけ水やりだけしていれば元気に育つ盆栽がある一方、こまめにお手入れが必要な手間のかかる盆栽もあります。

苔をはることは盆栽の見た目をアレンジできるだけでなく、湿度の保持や土の保全といった、植物にとっても様々なメリットがあります。

手のひらサイズの小さな鉢にヤマゴケをはった、シンプルな苔盆栽。ヤマゴケの高さで表情をアレンジすることもできる

桜の樹の苔盆栽。「針金掛け」（P.90参照）という盆栽の技法を使い、枝が垂れ下がるようにアレンジしている

苔盆栽

苔盆栽の種類

ミニ盆栽

土の上に苔をはっただけでも立派な盆栽。一種類の苔でシンプルに楽しむも良し、複数の苔を組み合わせて違いを楽しむも良し

枯山水風苔盆栽

化粧砂を敷いた器の上に2種の苔盆栽を配置した、枯山水庭園風の苔盆栽。砂や石によって雰囲気が変わるのも楽しい

樹木盆栽

松や梅、真柏などの樹の苗を植えた盆栽。盆栽の本筋であり、針金をかけて枝を曲げたり、石に根を絡ませたりと表現の手段が多い

花物盆栽

花を咲かせる植物の盆栽。植物によって花が咲く時期が異なり、季節による変化を楽しめる。写真はミニバラの苔盆栽

寄せ植え盆栽

複数の植物を植えた盆栽。植物によって適した置き場所などが異なるため、合わせる植物の相性を考慮する必要がある

石付き盆栽

植物の根の位置に石を合わせ、岩場などに生える木の様子を表現する技法。時間をかけて石に根を絡ませてやる必要がある

69

盆栽のセオリーを身に付ける

正面の決め方

植物は自然のものなので、見る向きによって印象が変わります。そのため盆栽を仕込む際には、どこが正面かを決める必要があります。正面の決め方に正解があるわけではなく、好みやセンスによって変わりますが、基本的には"植物がもっとも活き活きとして見える向き"です。花ものであれば花が咲いている方を正面に向けますし、樹ものであれば「葉が全体的に広がっている方向」を正面にすれば良いでしょう。

左写真は葉が奥側を向いており、スカスカな印象。右写真では多くの葉が手前に向かって広がっており、植物の活き活きとした生命力が感じられる

アシンメトリーを意識する

盆栽の表現は一朝一夕で身に付くものではなく、素晴らしい作品を作るためには、多くの実践や印象深い景色を見るなどして培った経験が必要です。しかし「アシンメトリー（左右非対称）」のセオリーを身に付けるだけでも、作品の見栄えは格段に向上します。左右対称を好む欧米の感覚とは異なり、昔から日本文化には非対称の美しさが取り入れられてきました。盆栽に取り組む際にはぜひ、アシンメトリーを意識してみてください。

たとえば鉢の中央に挿していた樹を左右どちらかに寄せる、寄せ植えなら高さの異なるものを合わせるなど、アシンメトリーにすることで作品に"間"が生まれる

盆栽の樹形

盆栽の王道である樹ものは、樹形によって10種類程度に分類されます。たとえば根元からまっすぐに伸びている形は「直幹」、幹が上方に向かってゆるやかに揺らぐような曲線を描く形を「模様木」、幹を大きく曲げて鉢から垂れ下がった形を「懸崖（けんがい）」と呼びます。本書ではそれらを詳細に解説することはしませんが、右に樹形の一覧を示したので、本格的に盆栽を始めたい人は、覚えておいて損はないでしょう。

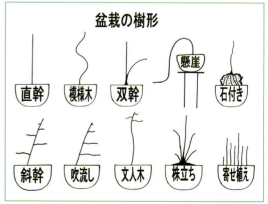

盆栽の主な樹形。これらは、自然界の厳しい環境に適応してきた樹木を模したパターンになっている

季節の変化を楽しむ

「生きた芸術作品」と呼ばれる盆栽の面白さは、何といっても時間の経過とともに変化する点にあるでしょう。以下では桜の苔盆栽を例に、季節による変化の一例を紹介します。ひとつの作品から自然の移り変わりを感じ取ることができ、まさに大自然の縮図と言えるでしょう。

ただし、何も手をかけなければ枝は伸び放題になり、芸の無いただの"植木鉢"になってしまいます。毎年きれいな花を咲かせるためには手がかかりますが、その分、満開になった際の喜びもひとしおです。

仕込み直後

立ち性の旭山桜を植え、ヤマゴケをはった直後の苔盆栽

開花

最初の開花。旭山桜は、あまり大きくならない扱いやすい品種

夏季

花が散った後、針金をかけて枝を横に伏せた状態。川沿いに生息している桜が、水を求めて枝先が垂れ下がっていくイメージ

開花

二度目の開花。枝が伸び、枝が太くなればまた針金をかけ直していく。温度調節をするなどして、通常の開花の時期よりも早目に咲かせることも可能だ

落葉

秋から冬にかけて葉が黄色く色づき、落葉していく

苔盆栽を楽しむためのワザ

盆栽展などに展示されている作品は、様々な工夫や技法が駆使されているものばかりです。趣味で楽しむ上でも、「これならできそう」と思えるものがあれば、積極的に取り入れていくと良いでしょう。本書では盆栽の技法の中から、初心者の方でも無理なく取り入れられるものを選び、作品制作に利用しています。また、次のページで盆栽の水やりの方法についても解説しています。

植物の根を石に絡ませる、「石付き」という技法。本書では簡易的な方法を、P.94～95で解説している

根留め

植物の根が鉢の中でグラつかないように、鉢底から通した針金でねじり留めて押さえる技法です。鉢の中で根がグラつくと、土の中に隙間ができて根の生長を阻害してしまうなど、上手く育たない原因になってしまいます。

最初に寝留めの針金を準備してから、土や植物を仕込む。手間は増えるが、この手間が植物の生長を大きく左右する

剪定・間引き

仕込んだ直後はキレイでも、時間がたつと苔も植物も成長するため、乱れていきます。樹木の枝を切り形を整えたり、伸びて下を向いた葉を切って風通しを良くします。ただし、なんでもかんでも切れば良いというわけではありません。自然の風景にも変化があるように、作品として"面白い"と感じたらあえて切らないなど、変化を楽しむことが盆栽の醍醐味です。

伸びすぎて見た目の悪くなった苔や、枯れてしまった幹や葉は、こまめに切って整えよう

苔盆栽

針金かけ

植物の枝や茎に針金をかけて固定し、生える方向をコントロールする技法です。P.70で紹介した「模様木」や「懸崖」などの樹形は、この技法によって作られています。針金かけの手順は、P.90〜91で詳細に解説しています。

針金をかけて枝を垂れ下げた、桜の苔盆栽

根水と葉水

盆栽の水やりには2通りの方法があり、植物の根元に水をかける方法を「根水」、葉の表面に水をかける方法を「葉水」と言います。水やりのタイミングは、苔の表面が乾いた時です。基本的には根水で苔の上から水を与え、乾きやすい夏場だけは夕方ごろに葉水を行なうようにします。

木の根元にまわしがけるようにして、水をやる。表面の苔が乾いたら、鉢底から水が流れ出るくらいたっぷりやろう

盆栽は植物との"対話"。よく観察して育てよう

葉水は、葉の表面温度や湿度を調節するために行なう。葉に付いたチリやホコリを落とす効果もあり、葉が生き生きとし、瑞々しく見える

ヤマゴケの
ミニ苔盆栽

苔そのものを鑑賞するのに最適な、苔のみで作るミニ苔盆栽。土の量を調節して高さを変えたり、手でつぶしてみたりと、好みに応じてアレンジしましょう。

難易度 ………………………… ★

楕円形の鉢を使った、底上げしないタイプのミニ盆栽

[用意するもの]

- ヤマゴケ
- 土（赤玉土）
- 鉢穴ネット
- 鉢

苔盆栽

Step.1
底上げ

01 鉢穴ネットを鉢穴よりもひと回り大きいサイズに切り、鉢底に置く

02 鉢のフチより1cm下くらいの位置まで、赤玉土を入れる

03 霧吹きで水をかけ、赤玉土を湿らせる

Step.2
苔はり

04 ヤマゴケを鉢のサイズに合わせて切り、分厚い部分は切って厚みを揃え、土の上に置く

05 はみ出た苔を、割り箸で入れ込む

完成

06 これで完成。苔が少ない場合は足し、多い場合は切って調整する

Point

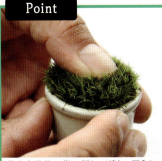

苔を全体的に指で押して潰し、平らにアレンジ。草原のような雰囲気になる

ONE MORE
底上げしない作り方

浅い鉢を使う場合は、底上げなしでもミニ盆栽を作ることができます。1種類の苔だと物足りない場合は、複数の苔を組み合わせても良いでしょう。

01 鉢穴ネットを切り、鉢底に敷く

02 苔の分厚くなっている部分を切ってから、鉢の中に置く。鉢より大きな苔があれば良いが、無い場合は複数のブロックを組み合わせる

03 先に入れた苔の形に合わせて切りながら、パズルを完成させるように隙間を埋めていく

04 鉢からはみ出した苔を、割り箸で鉢の内側に入れ込む

完成

完成。ミニ盆栽は乾きやすいので、小まめに霧吹きで水をあげよう

苔盆栽

2種の苔で作る

枯山水風苔盆栽

ミニ盆栽に一工夫加えたいと思ったら、化粧砂や小石と苔を組み合わせた枯山水風の苔盆栽がオススメです。苔と苔の間は隙間を空け、岩場を流れる川を表現します。

難易度 ★

色の異なる小石が、岩を表現。奥側から手前にかけて苔と苔の間を広げることで、上流から下流へと流れる川を表現している

[用意するもの]

- ハイゴケ
- ヤマゴケ
- 化粧砂（青色と白色をミックス）
- 小石
- 鉢穴ネット
- 鉢

77

Step.1

苔の配置

01 鉢穴の間隔に合わせて、鉢穴ネットを切る

02 初めて作る際は鉢の中に直接、表現したい風景のイメージを下書きすると良い

03 最初にヤマゴケから入れる。今回は高低差を出したいので、ヤマゴケの手前側の厚みを切る

04 割り箸で、ふちからはみ出た苔を入れ込む。川とハイゴケを入れるスペースを空けつつ、ヤマゴケを入れる

05 ハイゴケを適度な大きさに切り、空いたスペースに入れる。苔を広げると裏地が見えてしまうため、指でつまんで縮めながら入れる

苔盆栽

06　02で書いたラインに合わせて、ハサミで切る

07　切った苔をピンセットで取り除く

Step.2

装飾

08　川沿いの岩に見立てて小石を置く。小石の色や数は好みだが、伝統的な和の文化においては、奇数が好まれる傾向にある

09　最後に、川の部分に化粧砂を流し込む。化粧砂は鉢のふちギリギリまで入れる

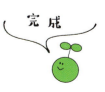

完成

10　最後に割り箸で、はみ出ている苔などを整える

11　好みでトレーなどを敷いて鑑賞する

79

枯山水風 苔盆栽の表現例

枯山水風ミニ苔盆栽
2種の苔を対角に配置した、シンプルな苔盆栽。苔の量は控えめな、"間"を活かした作品

森の湖
湖に見立てた空間に化粧砂を入れ、森と湖を表現。オレンジの化粧砂は、朝日に輝く水面をイメージしている

湖に見立てた化粧砂の上に、金色の化粧砂を流し込んだバージョン。高級感のある雰囲気に変わります

苔盆栽

石庭

化粧砂を敷き詰めたトレーの上に苔盆栽を置いた、日本庭園風のアレンジ。ゴツゴツした石を置くと、庭石としてよく映える（左）。同じ素材を使っていても、このように配置を変えるだけで雰囲気を変えることができる（右）

日本庭園

複数のミニ盆栽と石、橋のフィギュアを組み合わせた庭園風のアレンジ

COLUMN 景色を観察する

自然の風景や樹木の姿を植物で表現する盆栽では、"情景を表現する"姿勢が大切です。良い情景を表現するためには、自分の中にいくつも「情景の引き出し」を持っておきましょう。いろいろな場所に出かけ美しい風景に出会い、自然に関心を持つことが、盆栽で上達するコツです。

日頃から美しい自然を見て、感性を磨いておきましょう。ただ見るだけでなく、写真に撮ったりスケッチして後から振り返るようにしておくクセを付けると、なお良いでしょう。

ヤマゴケとケヤキで作る

直幹盆栽

丈夫で育てやすいケヤキの苔盆栽を作ります。鉢が大きいとバランスが悪くなるため、樹冠よりも一回り小さな鉢を選びます。植物を仕込んだ後は、3年に1回ほど鉢を移し替え、その度に伸びた根を切るようにしましょう。

難易度 ……………………………… ★

[用意するもの]

- ヤマゴケ
- 土（赤玉土(小)9：鹿沼土1）
- 鉢穴ネット
- 植物（ケヤキ）
- 鉢

苔盆栽

Step.1

下準備

01 植物をポットから出し、割り箸で土を落とす

02 土は全部落とさずに、ひと回り残す

03 長い根を切り、鉢に合った形にする

04 切る場合も10cm程度残すようにする

05 鉢穴ネットを適度なサイズに切り、鉢の底に置く

06 鉢に植物を入れる

Point

07 この段階で、植物の角度や向きを調整する

08 正面(葉が多い向き)の樹冠が左流れなので、鉢の右側に寄せると、整った印象になる

83

Step.2
苔はり

09 赤土と鹿沼土を混ぜ、根の隙間に流し込むようにして入れる。手で幹を押さえ、位置や向きがズレないようにしながら、割り箸で土を根の下まで入れ込む。押し込んだ分の土が凹むため、土を追加する

10 土全体が湿るように、水をかける

11 丸く切ったヤマゴケの、中心あたりを割る

12 割れ目を幹に沿わせながら、土の上に苔を置き、手で押し込んで鉢からはみ出さないようにする

13 隙間ができるようであれば、苔を足す

隙間なく苔をはり、完成

14

COLUMN
盆栽鉢の種類

盆栽の「盆」は鉢を指すように、植物と鉢との調和が求められます。そのため鉢選び（鉢合わせ）は、植物を選ぶのと同じくらい重要です。

一般的な楕円鉢。幅が広いので、寄せ植えや樹冠の広い植物を植えるのに適している

「苔玉皿」などとも呼ばれる、深さの無い鉢。苔がよく観察できるように仕立てたい場合などに最適だ

「深鉢」と呼ばれる、湯飲みのような筒型の鉢で、背の高い樹木に適している。通気性の良いものを選ぼう

庭園用の石材として、昔から名石とされていた鞍馬石。現在では石の産出が少なく、形の良いものも少なくなってきている

鉢以外の容器を使う

必ずしも盆栽用の鉢を使う必要は無く、例えば茶碗や食器などで代用しても、風情が出るものです。右の作品は、欠けた縄文土器に仕込んだ苔盆栽です。土器に空いた穴からタマリュウを出し、"ものは朽ちていっても新しい命が生まれてくる"という、自然の力強さが表現されています。

土器の欠けた方からは青々としたヤマゴケが鑑賞できる、土器の割れ方を活かした仕込みだ。奥側にはハイゴケがはってある

85

トクサとヒメギボウシの
寄せ植え苔盆栽

寄せ植えにする場合は、植物の組み合わせが重要です。背の高い植物と低い植物、色の違う植物どうしなど、完成形が非対称になる組み合わせが理想です。

難易度 ………………………… ★★

[用意するもの]

- ヤマゴケ
- 土（赤土7：鹿沼土3）
- 針金（太さ約2mm）
- 植物（トクサ・ヒメギボウシ）
- 鉢
- 鉢穴ネット

苔 盆 栽

Step.1 鉢の準備

01　8cm程度に切った針金をU字に曲げる。鉢穴ネットを鉢底に置き、U字に曲げた針金を内側から通し、外側で開いて留める。穴が2つある場合は、もう一方の穴も同じようにして留める

02　次に根留めの針金を通す。鉢の裏側から、鉢穴に通す

03　表側から針金を引っ張ったら、邪魔にならないように左右に広げておくと良い

Step.2 植物の仕込み

04　植物の土を落とす。完全に落としきらず、少し残るくらいで良い

05　鉢の上に置き、完成形のイメージを決める

06　鉢のふちギリギリの高さまで土を入れて、植物の根を埋める

07　左右に開いていた針金を、鉢の中心あたりで交差させる

08　植物がぐらつかないことを確認してから、手で3〜4回ねじって固定する

09　余った針金を切る

10　切った針金の先端を、折り曲げて伏せる

11　割り箸を使い、根の下に入れ込む

12　全体のバランスを見ながら、土を足す

13　じょうろで水をかけ、土を濡らす

Step.3

苔はり

14　土の上にヤマゴケをはっていく。厚みを揃えたい場合は、先に切ってからはる

苔盆栽

15 ジグソーパズルを完成させる要領で、隙間なくはる。根留め用の針金も見えないように、上から苔をはってしまう

16 苔をはったら、手やピンセットで押さえつけ、土になじませる

17 苔を押した後に隙間ができるようであれば、苔をはって埋める

18 01と同じ方法でUピンを5、6本用意し、苔の上から挿し込む。苔と苔の境目をまたぐ位置に挿し込むと、苔がはがれにくくなる

19 トクサの長すぎる茎や、前に突き出ている茎、ヒメギボウシの枯れている葉を切る

20 気になる部分を切って整えれば完成

完成

針金かけの手順

盆栽において、枝や幹の伸びる方向を矯正するために行なうのが、針金かけです。枝は放っておくと日光の方向へ伸びていきますが、針金をかけることで成長する方向をコントロールできます。ただし、どんな樹木でも自由に曲げられる訳ではありません。松や真柏などの柔らかい木は曲げやすく、盆栽向きの樹木とされています。一方で杉などの真っ直ぐ生えている樹木は曲げにくく、無理に曲げようとすると枝が折れてしまいます。なお、針金の太さは幹の太さの半分くらいが適しています。

黒松の苔盆栽。柔らかく曲げやすいので、盆栽では定番の樹木だ

01 黒松の苗木と針金を用意する。針金は、幹の太さの半分くらいのものが適している

02 幹の下の方に生えている葉は、針金をかける際の妨げになるため、ピンセットで抜く

03 針金を幹の1.3〜1.5倍くらいの長さに切る

04 針金は、鉢の深さより少し短いくらいの長さを90度に折る

ステンドグラス　作品制作の基礎

05　90度に折った部分を、樹の根元に挿し込む。根元を手で押さえながら、1〜1.5cm感覚で針金を巻いていく（巻く方向は、幹を右側に倒したい場合は右巻き、左側に倒したい場合は左巻き）

葉の根元まで針金を巻く（余分な葉が残っていれば抜く）
06

針金の余分を切る
07

08　幹の曲げたい部分を両手で持ち、両手の親指で曲げたい方向へ倒す

09　黒松や真柏は柔らかいので問題ないが、幹や枝が折れそうな場合は無理に曲げない。曲げ方は自由だが、最終的に葉が上を向くように曲げる

完成

針金をかけてから半年〜1年くらいしたら、針金を外す（針金が幹や枝に食い込むのが目安）
10

91

曲げ方のバリエーション

松や真柏などの曲げやすい樹木は柔らかく折れにくいため、様々な曲げ方でアレンジすることができます。どのようにアレンジする場合でも、「葉が上を向く」という基本は必ず押さえてください。

このように、葉が下を向いてしまうような曲げ方はNG

鉢からはみ出さずに動きを出したいなら、このように中間で1回転させる曲げ方もある

鉢から大きくはみ出す懸崖風のアレンジ

針金の取り方

01 針金をかけてから、半年〜1年程度経つと針金が幹や枝に食い込んでくるので、針金を切って外す

02 枝を曲げたりせず、ニッパーで細かく切って外していく

03 ニッパーで切るときは、幹や枝を傷つけないように注意し、針金を細かく切っていく

苔盆栽

植物の根元に石を配置しただけの石付き"風"を作る。根を石に絡ませた本格的な方法については、P.97「ONE MORE」を参照

モミジとヤマゴケの
石付き風苔盆栽

植物の根元に石を置き、根を石に絡ませる盆栽の樹形を「石付き盆栽」と呼びます。岩場などで生きる木の力強い姿を表現できます。石は拾ったものでも良いですし、盆栽店やアクアリウムショップなどで購入することもできます。

難易度 ……………………… ★★

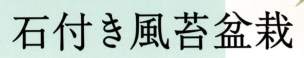

[用意するもの]

- ヤマゴケ
- 土（赤玉土（小）10に対して鹿沼土1）
- 石
- 植物（モミジ）
- 鉢
- 鉢穴ネット
- 針金

93

Step.1 鉢の準備

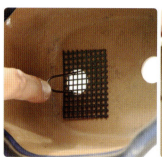

01 P.87の01を参考に、針金でUピンを作り鉢穴ネットを留める

02 P.87の02を参考に、根留めの針金を通す

Step.2 仕込み

03 モミジを鉢から取り出し、根に付いた土を落とす

04 石を合わせる位置を決める。隙間が空いている部分があれば、そこに石を合わせる

05 鉢の中に土を入れる（縁から2cm下のあたりまで入れる）

06 土の上に、石を合わせた植物を置く

07 左右の針金を中央で交差させ、根と石を固定する。ぐらつかないことを確認し、針金を手で3〜4回ねじって固定する

苔 盆 栽

08 根の上から土を流し込む。盛り上がった状態にするため、石の周りは鉢の高さよりも高く土を盛る

09 割り箸を使い、根の下に土を入れ込む

10 土の表面を水で濡らす

11 石の上部に付いている土を、歯ブラシなどでこすって落とす

Step.3

苔はり

12 ヤマゴケを複数のブロックに分けてはっていく。パズルを組み合わせる要領ではり、その都度ピンセットで押さえる

13 隙間があれば苔を小さく切ってはり、このように全体に隙間なくはれればOK

14 太い根を切らないように注意して、細い走り根（他の根に比べ極端に長い根）を切る

15 全体の見た目を確認する。中央に隙間があることが気になれば、苔を足して埋める

16 完成

これで完成。石の上にも苔を付けると、鬱蒼とした森林のような雰囲気を演出できる

Point

17 鉢穴が1つだけのタイプの場合は根留めの方法が異なる

18 まずはUピンで鉢穴ネットを留める

19 針金を鉢の底の直径と同じくらいの長さに切る。根留め用の針金を中央で折り曲げる

苔盆栽

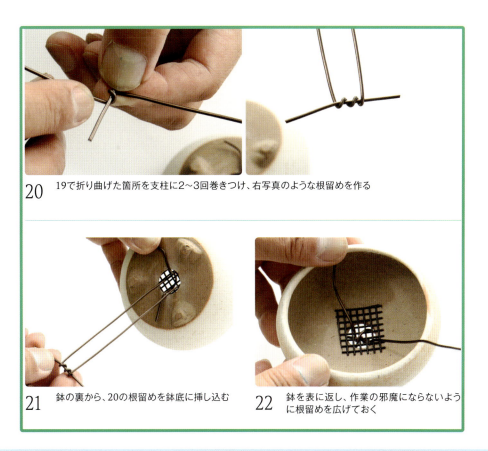

20 19で折り曲げた箇所を支柱に2〜3回巻きつけ、右写真のような根留めを作る

21 鉢の裏から、20の根留めを鉢底に挿し込む

22 鉢を表に返し、作業の邪魔にならないように根留めを広げておく

ONE MORE 本格的な石付きの作り方

P.94〜95で解説したのは、簡易的な石付き"風"盆栽の作り方です。本格的な石付き盆栽のように根を石に絡ませたい場合は、以下のように処理します。

接ぎ木用のテープで根元周辺の幹から石までを、何周も巻いてグルグル巻きにする

こうして巻いておくことで根が広がらず、石に絡みつきながら伸びていき、2年くらいでしっかりと絡んだ状態になる。接ぎ木テープは、時間が経つと自然に溶ける

97

いろいろな苔盆栽

ミニバラの苔盆栽

「バラの盆栽」と聞くと意外に思うかもしれませんが、狭いスペースで花を楽しめる、オススメの植物です。かわいらしいミニバラと味のある鉢が、和みの空間を演出します。

「千葉」がテーマの苔盆栽

苔とフィギュアで、千葉県のイメージを表現した、テーマのある盆栽。苔と牛、馬のフィギュアがマザー牧場を、イルカと青いビー玉が鴨川シーワールドを表している。

溶岩石の苔盆栽

ヤマゴケやチョウチンゴケ、ヒツジゴケの他、ホソウリゴケを散りばめた溶岩石。溶岩石の表面に空いた小さな穴は根をはりやすく、苔の生育環境としても適しています。

揖斐石の苔盆栽

貴重な揖斐石に、ヤマゴケ、チョウチンゴケ、ハイゴケ、ホソウリゴケを着生させた苔盆栽です。

苔盆景

Koke-Bonkei

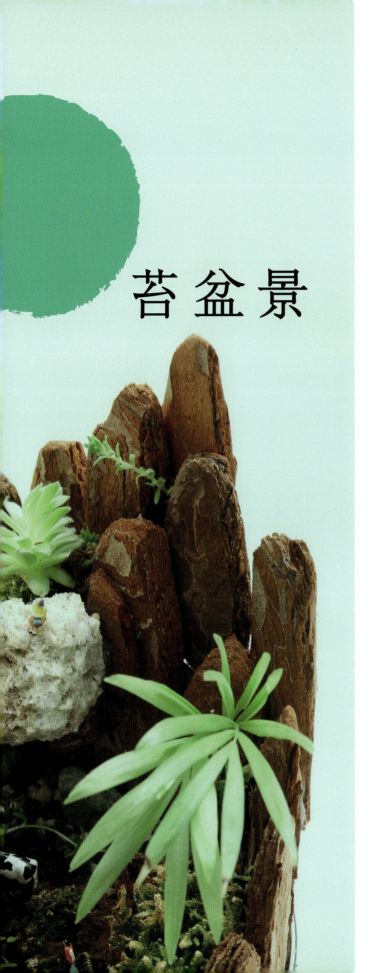

盆栽の手法を用いて、景色を表現したものが"盆景"です。盆栽も自然の景観を表現しますが、盆景では砂や石を用いて、よりはっきりとした「情景」を切り取ります。自分の思い描いた心象風景を形にする面白さと、生きた植物ならではの変化を鑑賞する楽しみがあります。

手のひらサイズに風景を閉じ込める

苔盆景では、山に見立てたウッドチップに苔をはり付けて年月の経過を表現したり、高さの異なる複数の苔を敷いて草原を表現したりと、苔や植物を装飾的に利用します。本書では、直径約14cmのトレーを使い、その中に盆景を作ります。

ウッドチップを切り貼りして、山道を表現

手のひらサイズの空間に情景を作り出し、鑑賞して楽しむのが苔盆景。生きた苔を使うことで、時間とともに変化する様子も楽しめる

情景に合うフィギュアを置いてアレンジ

苔盆景の材料

● ウッドチップ

山や道を表現するのに欠かせない、園芸用のウッドチップ（バークチップ）

● 軽石

水はけを良くするために園芸でもよく使われる、非常に軽い石。削ったり穴を空けたりといった加工も簡単にできる

● 小石

苔を敷き詰めた上に置いて岩を表現したり、ウッドチップと組み合わせて背景の山を表現したりと、幅広い用途に利用できる

● 化粧砂

さまざまな色が販売されており、園芸店やアクアリウムショップなどで購入できる（白い砂は「寒水砂」という名称で販売されている）

苔盆景のメンテナンス

マメに水やりをする

苔盆景は苔玉や苔盆栽と比べると、作品全体に対する苔や植物の割合が少ないため、メンテナンスがおろそかになりがちです。しかし作品全体がオープンで空気に触れているため乾きやすく、こまめに水をあげることが大切です。

霧吹きで10cmくらい離れた位置から水を吹きかける

苔以外の植物を使う場合、植物は苔から水分を摂取する。苔が乾いたら早めに水をあげること

剪定

作った直後はキレイでも、日数が経つと苔や植物が伸びたり変色して、変化が起きます。しっかり水やりを行なっていても、例えばカルキが付着して苔の葉先が変色することもあります。せっかくの情景が失われてしまうため、頃合いを見て剪定するようにしましょう。

植物が伸びて苔やフィギュアを覆い隠してしまっている。苔の先も変色している

全体のバランスを見ながら、伸びた植物を切って整える

枯れたりカルキが着色して変色した、苔の葉先も切ってしまう

四季折々の苔盆景

エアープランツの苔盆景

よく見ると橋の上には1組の男女が立っており、何をしている場面なのか、見る人がさまざまに想像して楽しめます。

池の部分には実際に水をはってありますが、エアープランツは水に浸しっぱなしだと溶けてしまいます。そのため水に浸らないように、ウッドチップにグルーガン（P.29参照）ではりつけています。

六義園の苔盆景

2枚の薄い石をつなげた橋と軽石の接合部は、鉄やすりで削って一体感を出しています。

東京都文京区にある六義園をイメージして作られた苔盆景。左奥の岩が富士見山を、モミジは園内300mのモミジの並木道を表現しています。

苔盆景

ヒメリンゴの寄せ植え苔盆景

草むらの中にいる犬が、リンゴの木の実を狙っているような構図。和と洋の融合が楽しめます。

春に白い花を咲かせ、秋に実をつけるヒメリンゴの存在感が大きい苔盆景。左奥にヒメトクサを植え、寄せ植え仕立てにしています。

筑波山の箱庭盆景

登山道は、3cm程度にカットした竹串をはり合わせます。苔はもちろん天然石やドングリなど、多くの天然素材を使った作品です。

大きな2つの軽石が、筑波山の男体山と女体山を表現。作品中央には、米粒ほどの蛇紋石（青石）で囲んだ枠の中に茶色の化粧砂を流し込んで作った露天風呂があります。

103

バンジージャンプ

フィギュアをひもに括り付けて垂らし、バンジージャンプを表現したユニークな作品です。

山あり滝あり湖ありと、大自然の縮図を詰め込んだ作品です。ウッドチップで橋をかけ、軽石で岩肌を表現。軽石にはオレンジの砂をつけ、滝の流れを作り出しています。

旭山桜の苔盆景

上の左側にある写真では、川の化粧砂をオレンジ色に変え、紅葉した葉が水面に写っているイメージでアレンジしています。

八重咲きで華やかな旭山桜の存在感が大きい、豪華絢爛な苔盆景。桜が散ってしまった後は季節に応じたアレンジ（上の写真）をしながら、また次の年の開花を楽しみに待つことができます。

苔盆景

雪景色の盆景テラリウム

五重塔のフィギュアを中心に据えた、京都の冬景色をイメージした作品です。

ウッドチップではなく軽石を使うことで、冬の枯れ山を表現。また粒の小さな白い化粧砂を敷き詰めて、雪景色を演出しています。

お正月の苔盆景

縁起の良い5種の苗木を使用。おせち料理と同様、お正月の場合は3種や5種の奇数が基本です。

松・南天・藪柑子・笹・玉竜という縁起の良い苗木を、高低差をつけて植えています。松は高さを出すため、軽石の中に入れ込んでいます。

苔盆景で表す
自然の風景

初めてでも作りやすい、シンプルな苔盆景です。色の違う化粧砂を用意して、川と池を表現しました。ウッドチップは高さを変えて配置することで、景観に奥行きが生まれます。

難易度 ……………………………

苔やウッドチップの上に動物のフィギュアを置き、のどかな山の情景を表現している

[用意するもの]

- トレー（1〜1.5cmくらいの深さが必要）
- ウッドチップ
- 小石
- 化粧砂（白と青のミックス・オレンジ）
- ヤマゴケ
- ハイゴケ

苔盆景

Step.1
ベースの景観づくり

材料をどのように置いて、何を表現するのか、トレーに書き出す
01

02 下書きに合わせてウッドチップを当てながら、はみ出す部分や平らにしたい部分をハサミで切る

03 高さが揃っていると不自然なので、あえて不揃いにする

04 ウッドチップにハイゴケをはる。好みで厚さを調節しながら、ウッドチップの表面にはっていく

05 ウッドチップの隙間に苔をはる場合は、押し付けて潰すようにしてはる（左写真）。その後、竹串などを使って苔を隙間に押し込む

06　トレーにヤマゴケを敷き詰めていく。平坦にしたい場合は、厚みを切ってから置く

07　敷き詰めた苔は後から切れば良いので、池や川に重なっても気にせず、ざっくりと敷き詰めていく

08　ヤマゴケだけだと単調すぎるので、上にハイゴケを置く。ハイゴケはあえて厚みを切らずに、高さを出す

Step.2

池と川

09　川に重なっている部分の苔を、ハサミで切って取り除く。直線的に切ると川に見えないため、弧を描くように切る

苔 盆 景

10 　池に重なっている部分も切り、左右にスペースを作る

11 　川のスペースに、白と青を混ぜた化粧砂を流し込む。割り箸などを使い苔をどかしながら、細い隙間にもしっかりと流し込む

12 　池のスペースには、オレンジ色の化粧砂を流し込む（左写真）。これで全体像が完成したので、あとは細かな調整とアレンジを加えていく

13 　川や苔の上に、小石を置く（苔の上の小石は碑石をイメージしている）

14 山の上に苔を足したり、ヤマゴケの上にハイゴケを置いたりして、最終的なアレンジをする

15 霧吹きで苔全体を濡らして完成。オープンで乾きやすいため、こまめに水をあげよう

完成

ONE MORE
フィギュアでアレンジ

苔盆景は人や動物のフィギュアを使って、ジオラマ的に楽しむことが主流です。

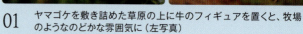

01 ヤマゴケを敷き詰めた草原の上に牛のフィギュアを置くと、牧場のようなのどかな雰囲気に（左写真）

02 群れで置いたり一匹単体で置いたりと、具体的な情景をイメージしながらフィギュアを合わせて楽しめる

03 フィギュアがない状態と比べ、作品に活気が生まれた

苔とテーブルヤシで表現する
山奥の景勝地

細く切ったウッドチップをはり合わせて、階段状の山道を作ります。材料の加工やグルーガンでのはり付けなど作業量が多いため、製作難易度は少し高めになります。

難易度 ……………… ★★★

[用意するもの]

- ハイゴケ
- ヤマゴケ
- 化粧砂（白・茶色）
- 植物（テーブルヤシ）
- ウッドチップ
- 小石
- トレー（1〜1.5cmくらいの深さが必要）
- フィギュア

Step.1
背景づくり

ヤマに見立てるウッドチップは、好きな形に切る
01

111

02 ウッドチップの底面にグルーを付け、トレーにはり付けて固定する

03 石を使うと、ゴツゴツした荒っぽい山脈の雰囲気が出る

04 できるだけ平らな部分をグルーガンではり付ける

05 大きなパーツは、はがれやすいため裏面や側面からグルーを流し込んで補強する

06 底面にもグルーを足して補強する。後で水ではがれてしまうことのないように、グルーを厚めに盛るようにつける

07 1段目をひととおりはったら、2段目は側面にグルーを付けてはる

08 1段目のウッドチップの裏側に2段目を、上部半分くらいが見えるようにはる

09 裏側も剥がれないように、グルーを追加して補強する

苔盆景

Step.2

山道の制作

10 　背景の山に見せるウッドチップをはり終わったら、次に坂道を作っていく。ウッドチップを細長く切る

11 　一方の端にグルーを付け、山の側面にはり付ける。これをつなげることで、道を作る

12 　11と同様に細く切ったウッドチップの側面を、カッターで削り曲線にする

13 　グルーで11を12とつなげる

14 　トレーの底にもウッドチップをはり、そこからウッドチップをつなぎ合わせて道をつなげる

113

15 飛び出ている部分や汚い部分など、細かい箇所をハサミで切って整える

Step.3

苔はり

16 グルーで小石をはり付けていく

17 ウッドチップの隙間などにはり付ける。狭い部分はピンセットを使って、しっかりと接着させる

18 テーブルヤシの土を取ってから、背景の山に沿うように合わせる。テーブルヤシを手で押さえながら、根を隠すようにピンセットでハイゴケを入れ込む

19 高低差が出るように、左右の高さを変えて合わせる

20 化粧砂を入れるスペースを除いて、トレーの底にヤマゴケを敷き詰める

苔盆景

21 向かって左側の空いているスペースには滝と湖を作る。右側のスペースにはウッドチップの間から、茶色の化粧砂を流し込む

22 左側手前のスペースに白の化粧砂を入れる。05ではった石の上から湖へと流れるように白の化粧砂を流し込み、滝を作る

23 グルーが見えている箇所に、ウッドチップをはって隠す

24 ピンセットで化粧砂を動かし、滝の流れに見えるように整える

25 より自然の景観に見せるために、ウッドチップの隙間にハイゴケを加える

115

26 道の上にもハイゴケを細かくはり、時間の経過を表現する（道にはる場合、ヤマゴケのように立ち上がっている苔は適していない）

Step.4

仕上げ

27 車のフィギュアを置く。走行中の車に見えるよう、坂道の途中に置き、後輪の後ろにも苔をはる（奥の石にはヒツジゴケをはった）

28 滝の下には水辺で遊ぶ男女、道の上には座り込む男女のフィギュアを置き、一気に賑やかな印象に

完成

フィギュアの配置、細かな調整が終われば完成

29

苔テラリウム

苔テラリウム

Koke-Terrarium

苔テラリウムは、透明な容器の中に苔や植物をレイアウトして鑑賞する、ここ数年で浸透した新しい苔の楽しみ方です。テラリウム専用の容器も数多くありますが、空き瓶や水槽などで代用できるので、思い立ったらすぐに作ることができます。

透明な容器に閉じ込めた緑の森

苔に興味を持ち始め、「部屋の中で手軽に苔を楽しみたい」という人におすすめな苔の楽しみ方が、透明な容器の中で苔を管理する苔テラリウムです。葉や茎などの表面から水分を取り入れる苔にとって、湿度の高いボトルの中は理想的な生育環境です。室内で管理できるため、最近では部屋の中に緑を取り入れるインテリアアイテムとしても人気です。

苔テラリウムに適しているのは、ガラスやプラスチック製の透明な容器。金魚鉢や水槽で代用したり、ペットボトルで自作したりすることも可能だ

テラリウムの土

苔は茎と葉の表面から水分を吸収するため、土がなくても問題なく育っていきます。そのため苔テラリウムに土は必要ありませんが、苔以外の植物を合わせたり、見た目を整えるために土を使う場合もあります。本書では、土を使うタイプと土を使わないタイプの両方を解説します。

土を使うタイプの苔テラリウム。アスパラは苔に挿し込んであり、土は装飾と高さ調整の役割で入れてある

土を使わずに作った苔テラリウム。苔を重ねたり高さの異なる複数種の苔を上手にレイアウトして、立体感のある仕上がりとなっている

苔テラリウム

苔テラリウムの種類

本書では、以下の4種の苔テラリウムの作り方を紹介します。ただし、苔テラリウムの作り方は基本的に、「容器に苔や植物をレイアウトする」→「小石やフィギュアでアレンジ」だけです。作り方の流れと、細かな点については本書を参考にしつつも、自分の好きなように、好きな容器で作ってみてください。

なお、汚れている容器を使うと雑菌が発生するリスクが高くなるため、テラリウムを作る前に必ずキレイに洗っておきましょう。

密閉型

ふたを締めて密閉できる、もっとも管理しやすいテラリウム。ビンの中で湿度が保たれるため、水やりは2週間に1回程度、霧吹きで湿らせてあげるだけで大丈夫

オープン型

上部の開いた容器で作る場合、背の高い苔や植物を入れることが可能なため、密閉タイプより作品の幅が広がる。ただし密閉タイプに比べると乾燥しやすいため、頻繁に水やりを行なう必要がある

土を使わない苔テラリウム

土を使わずに作る苔テラリウム。コウヤノマンネングサやヒノキゴケなど、種類の違う複数の苔を合わせ、自然の景観を表現している

宙に浮く苔テラリウム

ヤマゴケで作った苔玉を、容器の中で宙に浮いた状態で鑑賞する、遊び心たっぷりの苔テラリウム

苔テラリウムの管理・お手入れ

苔は葉の表面から水分を得るので、湿度が保たれる密閉された容器の中は、苔にとって理想的な生育環境です。密閉された容器で作った場合、水やりは2週間に一度程度で大丈夫です。ただし、下の写真のように結露が出た場合は要注意。苔が空気中の水分を得られていない可能性があるため、水をあげましょう。密閉されていない容器の場合は、こまめに水やりが必要です。

このように結露が出てしまっているときは、苔や植物が水分を得られていない可能性がある。結露が出ていることに気づいたら、霧吹きで水をあげるようにしよう

苔のカット

以下では、伸びた苔をカットして整える方法を解説します。苔によって成長速度が違うため、苔が伸びると見た目が乱れてしまいます。切るだけでなく、挿し木で増やせることも覚えておきましょう。

●ハイゴケ

複数種の苔が伸び放題で、荒れてしまった苔テラリウム

コウヤノマンネングサの地下茎が出てしまっているので、根元で切る

01

切った地下茎を近くに挿し木する。こうすることで、また成長する

02

苔テラリウム

03 容器の天井につくくらいまで伸びたヒノキゴケは、先端の1cm程度を切る

04 切ったヒノキゴケを束ねて、好きな場所に挿し木する

05 コウヤノマンネングサも、容器の天井につくくらいに伸びていれば先端の1～2cm程度を切り、束ねて挿し木する

完成

容器の底に敷いてあるハイゴケも、伸びていれば潰してしまう（根伏せ）

06

ハイゴケとヤマゴケで作る

密閉型テラリウム

密閉できるふた付きのボトルに土を入れ、その上に苔を敷きます。とても手軽に作れるので、初心者の方にもおすすめです。なお、土は底上げのために入れているだけなので、種類は問いません。

難易度 ……………………… ★

[用意するもの]

- ハイゴケ
- ヤマゴケ
- 土（ハイドロカルチャー）
- ビン（ふた付き）

苔テラリウム

Step.1

苔の
レイアウト

最初に土を入れる。入れる量によって高さが変わるので、仕上がりのイメージに合わせて調整する

01

02 形が崩れないように気をつけながら、土の上にハイゴケを置く

入れづらい場合は割り箸を使う（後からヤマゴケも入れるため、多少の隙間を空けておく）

03

04 ヤマゴケを適度な大きさに切り、厚みも切って調整する

05 隙間にヤマゴケを入れる

Point

06 ヤマゴケを入れたら、ハイゴケを寄せて高さを出す

123

霧吹きで水を吹きかけ、苔を湿らせる

07

08 ペーパータオルで、ビンの内側に付着した水滴を取る

フィギュアや石などの装飾品を加えない場合は、ふたを締めれば完成

09

Step.2

仕上げ

10 好みで石やフィギュアを入れる（苔が目立たなくなるほど過剰には入れない）

完成

11 これで完成。ふたを締めて、間接光が当たる場所で管理しよう

苔テラリウム

ヒツジゴケとシノブゴケの
オープン型テラリウム

ヒツジゴケとシノブゴケの2種の苔に加えて、観葉植物のアスパラを挿した苔テラリウムです。アスパラは水耕栽培で育つため、土ではなく苔に挿して高さを出します。

難易度 ★

テラリウムづくりでは重宝されるシノブゴケを使用。水やりをマメに行なっていれば、緑色の新芽を出す

[用意するもの]

- ヒツジゴケ
- シノブゴケ
- 土（ハイドロカルチャー）
- ビン（ふた無し）
- 植物（アスパラ）

125

Step.1

レイアウト

01 容器に土を入れる。土は最低限、植物が立つ程度の量は必要

02 容器の中に植物を入れ、土の高さを確認する（足りない場合は足す）

03 全体のバランスを見ながら、配置を決める

04 容器の半分程度の面積に、シノブゴケを置く

05 シノブゴケの側面にアスパラの根を沿わせるようにして合わせ、シノブゴケを加えてアスパラを挟み込む

06 シノブゴケとは反対側の土を、スプーンで掘って窪みを作る

07 06の窪みにアスパラを挿し込む

苔テラリウム

08 掘り返した土を埋めて、根を土で覆う

09 ヒツジゴケを切って大きさを調整し、容器の壁に沿わせて入れ、その内側にアスパラを合わせる

10 06と同様に、反対側にもヒツジゴケを合わせ、アスパラを挟み込んで立たせる

11 割り箸で寄せて、シノブゴケとヒツジゴケの間に空間を作る

Step.2 仕上げ

12 道が凹んでいて不恰好な場合は、土を足す

13 道に見えるように空間の形を整え、必要であれば土を足す

14 垂れ下がっている葉をカットする

15 土の底が濡れるくらいまで、たっぷりと霧吹きで全体を湿らせる。容器の側面に付いた水滴を拭き取る

127

16 アスパラの配置を整えれば完成。川の部分に化粧砂を流し込むなど、アレンジしても面白い

ONE MORE
フィギュアでアレンジ

手軽に作れるのがテラリウムの良いところですが、シンプルすぎて寂しく感じてしまうことも。そんなときは、簡単にアレンジできるフィギュアがおすすめです。

フィギュアを加えるだけで、テラリウムの雰囲気を変えることができます

敷き詰めた苔は芝生や草原に見立てることができるため、動物のフィギュアは相性が良い

これはお相撲さんのフィギュア。インパクトが強いので、苔が目立たなくなってしまうデメリットも

可愛らしいお地蔵さんのフィギュアを置いて、ポップな和の雰囲気を演出

自分の感性で苔を楽しもう!

苔テラリウム

宙に浮く
苔玉テラリウム

容器の中で浮いた状態を保った、遊び心溢れるテラリウムです。ヤマゴケの苔玉は、軽量化のため土を使わずに作ります。

難易度

[用意するもの]

- 容器（ふた付き）
- ヤマゴケ
- テグス（5m）
- 針金（約4cm）

Step.1

苔玉作り

01 キリを使って、容器のふたの中心あたりに穴を空ける

02 ヤマゴケをいくつかのブロックに分け、それぞれ下地が見えないように切り落とす

03 球形に近づくように、ヤマゴケのブロックをつなぎ合わせていく

04 テグスを巻くと小さくなることを想定しつつ、容器に入るかどうか確認する

05 形を崩さないように気をつけて持ちながら、おにぎりを握るような感覚で形を整え、キレイな球形にする

苔テラリウム

06 テグスを強めに、最終的にひとまわり小さくなるくらいに巻く

07 縦横無尽に巻いたら、P.56の06〜07と同じように割り箸にテグスを引っかけ、こぶ結びする

08 両手で包むようにして、形を整える

09 このように、容器に入る大きさになればOK

Step.2
しかけ作り

10 固い棒の先の方にテグスを巻きつけ、ぐるぐる巻きにする

11 テグスを巻いた方を、苔玉の中心に突き刺す

12 そのまま押し込み、反対側から出す

13 棒を抜き取る

131

14 苔玉の両側で、15cmくらいずつ残して、テグスを切る

15 両側から出ているテグスのうち、片方は針金の留め具に、片方はふたに通す

16 4cm程度に切った針金を丸め、先端同士を2〜3回ねじって楕円形の留め具を作る

17 苔玉から出ているテグスの一方を、16で作った針金の輪に通す

18 輪に通したテグスを2回結ぶ

19 余分なテグスを切る（苔玉とつながっている方のテグスは切らない）

20 針金のねじった部分を、苔玉の中に挿し込んで完全に埋めてしまう

苔テラリウム

21 01で穴を空けたふたの内側から、苔玉から出ているもう一方のテグスを通す

22 苔玉を容器の中に入れ、ふたを締める

23 針金を5〜6cmに切り、16と同様にねじって留め具を作る

24 ふたから出ているテグスを、23で作った留め具に通す

25 ふたから15cm程度の位置で、テグスを留め具に結びつける（2回）。その後、余分を切る

26 留め具をぐるぐる回すと、テグスが引っ張られて苔玉が浮く

27 苔玉がちょうど良い高さに上がるまで巻けば完成

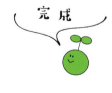
完成

複数の苔で作る
苔盆景テラリウム

土を使わずに作る、苔盆景のテラリウムアレンジです。ハイゴケやヤマゴケを主体とし、コウヤノマンネングサやヒノキゴケを巧みに組み合わせて、ほぼ苔だけで自然の情景を作り上げます。

ハイゴケを潰したり重ねたりすることで、道や丘など、自然の持つさまざまな景観を表現している

難易度 ……………… ★★

[用意するもの]

- ハイゴケ
- ヤマゴケ
- ヒノキゴケ
- コウヤノマンネングサ
- カサゴケ
- 小石
- 容器（トレーが平坦で窪みのあるタイプ）

苔テラリウム

Step.1 苔のレイアウト

01 好きな位置にハイゴケを置く

02 高さを出すために、ハイゴケの上にさらにハイゴケを重ね、潰してなじませる

03 ヒノキゴケを適量だけとって束ねる。左右にヤマゴケ（厚みは切らない）を配置し、束ねたヒノキゴケを挟み込む

04 ヤマゴケの手前に、カサゴケを配置する

05 手前の空いたスペースにもヤマゴケを配置する。手前と奥で高低差を出すため、厚みを切ってから置く

06 コウヤノマンネングサの根元を切る

07 ハイゴケの中に06を挿す

135

08 コウヤノマンネングサは2、3本をまとめて配置する

09 08で配置したコウヤノマンネングサのとなりに、ヤマゴケを配置する

10 ヤマゴケのとなりにハイゴケを置き、同じ苔が続かないようにしてメリハリを出す

11 割り箸で押し付けて、ハイゴケを潰す

12 全体を見て、隙間があれば細かく切ったハイゴケで埋める

13 ヒノキゴケを短めに切り、ピンセットで持って10で置いたハイゴケの上に挿す

136

苔テラリウム

14 短めに切ったヒノキゴケを、ヤマゴケやハイゴケの上から、複数箇所に挿す

15 ハイゴケを3〜4本まとめて束ね、ボリュームを出したい箇所に割り箸で穴を空け、ピンセットで挿す

16 全体のバランスをみて、足りない箇所にはハイゴケやヒノキゴケを追加する

17 苔のレイアウトが完了。必要に応じて苔をカットする

Step.2

仕上げ

18 好みで、小石や軽石を置く

19 トレーからはみ出していたり、長さを整えたい苔があれば切る

137

ふたを閉めれば完成。2週間に1回くらいの頻度で、ふたを開けて霧吹きで水をあげよう

20

ONE MORE
フィギュアでアレンジ

フィギュアを置くときは闇雲に置いてみるのではなく、"どんな場所か"、"誰が何をしているか"といった具体的なシーンを思い浮かべることがコツです。

コウヤノマンネングサの根元に置いた小石も、そばに小さなフィギュアの人がいれば巨岩に見える

中央のハイゴケには牛のフィギュアを載せ、牧歌的な雰囲気に

"大自然"のテイストから、"のどかな山村"といった印象に変わった

主役はあくまで苔だよ!

138

いろいろな苔テラリウム

2種モスボールの苔テラリウム
ヒノキゴケ(左)とマンネングサ(右)そのものを丸めたモスボールで、だんだんと自然に葉が立ち上がってくるのが面白い作品です。

ペットボトルの苔テラリウム
テラリウムの容器をペットボトルで代用した、工作テラリウム。上から、コウヤノマンネングサ、カサゴケ、ヒノキゴケ、ハイゴケ、ヤマゴケです。

水苔の苔玉テラリウム
ミズゴケの苔玉にヒノキゴケを挿した、2種類の苔を使った苔玉テラリウムです。

苔盆栽テラリウム
アラハゴケの苔盆栽を鉢ごとケースに入れ、底に化粧砂を敷いた苔テラリウムです。

溶岩石の苔テラリウム

溶岩石にヤマゴケ、ハイゴケ、チョウチンゴケ、ヒツジゴケを活着させ、ホソウリゴケを散りばめました。

揖斐石の苔テラリウム

岐阜の揖斐川で採れる「揖斐石」に、ヤマゴケ、チョウチンゴケ、ハイゴケを活着させ、ホソウリゴケを散りばめています。

苔テラリウムドーム

ドームケースの底にヤマゴケを敷き詰め、その上にヒノキゴケを立たせています。

吊り苔テラリウム

手前にヤマゴケ、奥にハイゴケをレイアウトし、ローズクォーツと猫のフィギュアを添えたお洒落なアレンジです。

まだまだある!
その他の苔作品

Other

苔玉、苔盆栽、苔盆景、苔テラリウムと、苔を使ったさまざまな作品を紹介してきました。ここでは、それらのジャンルには含まれない、苔の魅力を引き出す作品を紹介します。

苔と流木で作る

ビオトープ

苔をはった流木を使って、小型のビオトープを作ります。タニシやメダカなどを入れたり、水生植物を入れて育てたりと、小さな空間に自然を再現して楽しむことができます。

難易度

流木と溶岩石にはヤマゴケとハイゴケをはり、コウヤノマンネングサを水に浮かせている

[用意するもの]

- ハイゴケ、ヤマゴケ
- コウヤノマンネングサ
- テグス（約5m）
- 流木、溶岩石
- 五色砂利
- 小石
- 容器
- 浮き草

まだまだある！　その他の苔作品

ビオトープ作り

01　ビオトープの容器は、写真のようなガラス製の他、発泡スチロールのケースもおすすめ。容器に砂利を入れ、底全体が隠れるように敷き詰める

02　砂利の上に流木を置き、流木と溶岩石の配置、苔をはる位置を決める

03　流木の上部にヤマゴケをはり、テグスを巻いて固定する

04　流木の下部にハイゴケをはり、テグスを1mほど巻き、切る

05　溶岩石には、ハイゴケとヤマゴケをくっ付けてはる

06　両方の苔をまとめて、テグスで巻く

143

07　ハイゴケとヤマゴケは水に浸かると枯れてしまうため、水に浸からない位置まではる

08　ヤマゴケとハイゴケの隙間にも苔を加え、テグスで巻く

09　苔をはった流木と溶岩石を入れ、位置を調整する

10　空いているスペースに、好みで小石を配置する

Step.2 仕上げ

11　流木と溶岩石の苔を濡らしながら、容器に水を注ぐ

Point

12　水は、流木と溶岩石にはった苔が浸からないギリギリまで注ぐ

13　コウヤノマンネングサは水耕栽培でも育つため、そのまま水に浮かべる

14　コウヤノマンネングサをもう1本、近くに浮かべる

まだまだある！　その他の苔作品

15 溶岩石の上に、タニシを添える

16 浮き草を少量とり、水面に浮かべる

完成

17 これで完成。溶岩石と流木を伝って苔が水を吸うため、水位が下がったら水を加える

COLUMN 苔を観察しよう

苔に興味が出てきたら、身近な場所にいる苔を観察してみましょう。苔が元気な早朝や雨上がりが、観察に適したタイミングです。

歩道の石畳や縁石の隙間は、ギンゴケやホソウリゴケなどが生えていることが多い

公園などに生えている木の根元や幹の表面は、苔を観察するのにうってつけのスポットだ

ルーペがあれば、葉や朔の細部まで観察できる

145

4種の苔で作る
モスタペストリー

ハイゴケやヒノキゴケなど、4種類の苔をスタンドに挟んだ、苔を平面で楽しむ作品です。苔だけでも良いですが、好みで植物を挿しても面白いでしょう。

難易度 ★

完成作品を、側面から見た様子

[用意するもの]

- ハイゴケ
- ヤマゴケ
- ヒノキゴケ
- コウヤノマンネングサ
- 植物（シェフレラ）
- カタログスタンド

まだまだある！ その他の苔作品

Step.1

苔の配置

01 自分の完成イメージに合わせて、ハイゴケをカットする

02 今回は斜めにカットしたハイゴケの裏側に、その他の苔を挿していく

03 02で置いたハイゴケをめくり、コウヤノマンネグサの茎をハイゴケの裏側に挿す

04 ヒノキゴケを数本まとめて束ね、同様にハイゴケの裏側に挿す

05 ヤマゴケを好きな大きさに切り、同じように挿す

06 苔の配置が完了。ふたをかぶせる前に、全体の配置を調整する

147

Step.2
仕上げ

07　霧吹きで水を吹きかけ、苔を湿らせる

08　カタログスタンドのふたをかぶせ、苔を押し込む

09　押し出されてはみ出した苔を、ハサミで切り落とす

割り箸やピンセットを使い、苔の配置を微調整する

10

11　苔だけで作る場合は、これで完成

横から見た際にハイゴケの裏地が気になるようであれば、01で厚みも切ってしまおう

12

さらに植物を挿す場合は、長さを確かめ、カタログスタンドのふたを外してハイゴケの裏側に合わせる

13

まだまだある！ その他の苔作品

植物の高さを調整し、カタログスタンドのふたを閉める
14

完成。丸いヤマゴケから植物が生えているような、面白い構図に仕上がった
15

ONE MORE モスタペストリーのお手入れ

モスタペストリーはスタンドの中で成長し、特に植物を挿した場合は半年もすれば、根が伸びてはみ出すので、その際は切りましょう。

149

ハート型の
釣りシノブ

「釣りシノブ」は、竹や針金で作った芯に、シダ科の植物シノブを這わせた日本の古典園芸です。本書では、複数の苔を使って芯を作り、ハート型にした"現代版 釣りシノブ"の作り方を紹介します。

難易度 ……………… ★★★

[用意するもの]

- ミズゴケ
- ハイゴケ
- ヤマゴケ
- トキワシノブ
- 2mmワイヤー（約60cm）×3本
- テグス（20m）

まだまだある！　その他の苔作品

Step.1

苔の仕込み

01　ボウルにミズゴケを入れ、ヤマゴケは根を切り、ハイゴケは混ぜやすい大きさに分ける

02　ヤマゴケとハイゴケをボウルに入れる

03　02のボウルに水を入れる

04　P.55を参考に、3種の苔を混ぜ合わせながら、ミズゴケが柔らかくなるまでよく揉み込む

Step.2

釣りシノブの制作

05　3本のワイヤー（約60cm）を揃えて持ち、もう1本のワイヤー（約90cm）で巻いて束ねる

05で束ねたワイヤーをハート型に曲げる

06

07 ハート型に曲げた結合部を、ワイヤー（約15cm）で巻いて留める

09 01〜04で仕込んだ苔を、ハートの結合部からつけていく

10 ある程度つけたら、苔が落ちないように押さえながらテグスで巻く

まだまだある！　その他の苔作品

11　苔は大量に使用するため、04でボウル4個分くらいは用意しておく

12　苔を追加してはテグスを巻き、追加しては巻き、を繰り返す

13　強めに巻いておかないと崩れやすいため、同じ箇所を複数回巻く

14　最後まで巻き終わったら、テグスの余分を切る

15　苔がボロボロと落ちてくるようなら巻きが甘いので、さらに巻く

16　トキワシノブをポットから出し、土（ミズゴケ）を割り箸で取り除く

153

17 根の部分を持ち、複数のブロックに分ける

Point

茎は切らないように注意しながら、トキワシノブを1本ずつに分ける

18

19 すべての茎を1本ずつに分ける

20 苔を巻いたワイヤーの上にトキワシノブの茎を合わせ、テグスで巻いて留める

ハートの形を隠さないように、葉を外側に向けてつけていく

21

好みでバランスを見ながら、すべての茎をつける

22

Step.3

仕上げ

ミズゴケの出っ張っているアラを切る

23

154

まだまだある！ その他の苔作品

30cm程度に切ったワイヤーを2つに折り、ハートの内側から凸部に引っかける
24

引っかけたワイヤーをねじり、凸部に固定する
25

ワイヤーを端までねじる
26

先端をこのように曲げ、フックを作る
27

完成

フックをスタンドなどにかけて管理する
28

ミックス苔の
モスボール

植物を植えていない苔だけの苔玉を、「モスボール」と呼ぶことがあります。ここでは、2種類の苔を組合わせたモスボールを作ります。

難易度 …………………… ★

[用意するもの]

- ハイゴケ
- ヤマゴケ
- 土（ケト土）
- テグス（5m）

まだまだある！　その他の苔作品

Step.1

苔はり

01　ケト土を握って丸くし、芯を作る（大きさは好みだが、苔をはると二回りほど大きくなることを考慮して作る）

02　芯にハイゴケをかぶせ、ジワッと押さえて圧力をかける

03　ヤマゴケの厚みを切ってから、ハイゴケの無いスペースにはる

04　隙間を埋めるように、形を切りながらヤマゴケをはる（苔の上に苔をはっても良い）

157

05 隙間なく苔をはったら、形を整えてから、テグスを縦横無尽に巻く。巻き終わったら、飛び出ている先端を割り箸で押し込んで処理する

06 正面を決め、器に置いて完成

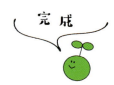

07 真球以外の形を作りたい場合は、P.39を参考に変形する

ONE MORE ディスプレイで魅せる

植物を植えないモスボールはシンプルな分、アレンジや飾りで楽しむ余地があります。大きさの違う複数のモスボールを並べるのもおすすめです。

● カジュアルテイスト

化粧砂を敷いた器に、大きさの違う3種のモスボールを配置。可愛らしいフィギュアを置いてカジュアルにアレンジ

● 枯山水風

灯籠のフィギュアや小石を配置した、和風のアレンジ。モスボールは右側に寄せることで、アシンメトリーに

まだまだある！ その他の苔作品

その他の作品

タマリュウの苔棒

直立させた植物の根にハイゴケを巻いて作った、"丸めない苔玉"。芯としてワイヤーを利用しているため、さまざまな形に曲げてアレンジすることが可能です。

水耕栽培によって伸ばしたタマリュウの根を、ワイヤーに巻いて直立させる

根の上からハイゴケを巻いた、変形苔玉（苔棒）

芯のワイヤーを曲げれば、好きな形にアレンジできる

159

フェイクグリーンの3D苔玉

アジアンタムのビオトープ

フォトフレームにプリザーブドの苔玉をはりつけ、アクセントにシナモンやスターアニスを加えている

観葉植物のアジアンタムを活着させた流木の周りをハイゴケで巻き、カメのフィギュアを置いて池の雰囲気を演出したビオトープ

ハコニワジオラマ（苔盆景）

プリザーブドの苔を散りばめた、賑やかな苔盆景。ジャージを着た中学生のフィールドアスレチックをイメージしており、吊り下げられた小屋は、うずらの卵をくり抜いて作られている

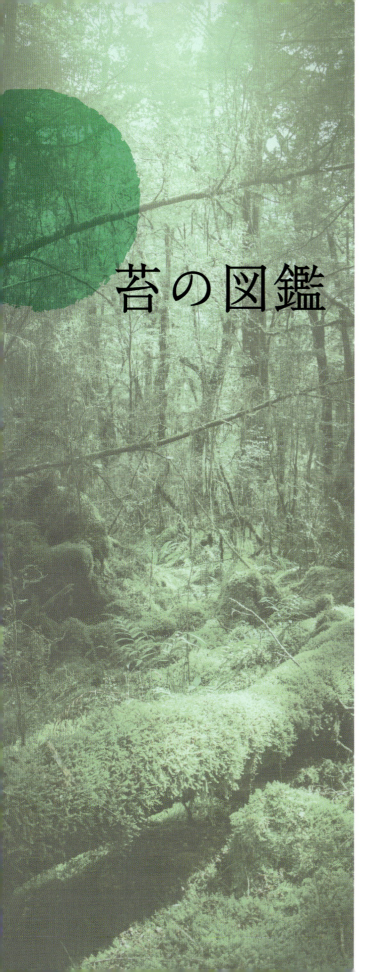

苔の図鑑

Moss Guide

最後に、苔玉や苔盆栽などの園芸によく使われる苔を、20種類紹介します。それぞれコロニー（集合体）の写真と1本の写真に分けて紹介し、生息地や生育環境がわかる図鑑となっています。

ハイゴケ

Hypnum plumaeforme wils

苔のデータ

- **大きさ（茎の長さ）**：5〜10cm
- **生育環境**：低地の日当たりの良い場所
- **生息地**：日本全国
- **用途**：苔玉、苔盆栽、苔テラリウムなど

シート状に生育するため土などに巻きやすく、苔玉の素材としては定番の苔です。日本各地に分布し、日当たりの良い道端や土手、樹幹の下部などで黄緑色のマットを作ります。群生を作っているものはマット状で採取できますが、芝生に絡まって生えているものや岩にしっかりと定着しているものは、マット状での採取は困難です。雑草の発生を抑制し永久的に生育する能力があるため、他の苔よりも管理がしやすいという特徴があります。

アラハゴケ

Leucobryum bowringii Mitt

苔のデータ

- **大きさ（茎の長さ）**：2〜3cm
- **生育環境**：山地の木の根元や腐植土上
- **生息地**：日本全国
- **用途**：苔玉、苔盆栽、苔テラリウムなど

日陰地の森林の中などで、杉の根元の樹皮にマット状で生息していることが多く、よく「山苔（ヤマゴケ）」という名前で流通しています。湿っていると濃い緑色をしていますが、乾いた状態ではシラガゴケ（P.172）のように見えることもあります。長細く尖った葉は絹のように上品な光沢があり、芝生上の美しいレイアウトを作ることができるため、苔盆栽や苔テラリウムを作る際に重宝されます。

ホソバオキナゴケ

Leucobryum juniperoideum

苔のデータ

- 大きさ（茎の長さ）:2〜3cm
- 生育環境:針葉樹の根元など半日陰の環境
- 生息地:日本全国
- 用途:苔玉、苔盆栽、苔テラリウムなど

瓶の底や土の上に敷き詰めるだけで簡単に芝生風の情景を作ることができ、また管理しやすいことで、苔玉や盆栽、苔テラリウムなど幅広く利用されている人気の苔。盆栽での需要も高く、「ヤマゴケ」という名前でも流通しています。成長するペースは遅いため、じっくりと育てたい人におすすめの苔です。半日陰の環境を好みますが、ジメジメとした湿度の高いところよりも、やや乾燥気味で涼しい場所が適しています。

苔の図鑑

シノブゴケ

Thuidiaceae

苔のデータ

● 大きさ（トヤマシノブゴケ）:5〜10cm

● 生育環境:半日陰の腐木や岩の上など

● 生息地:日本全国

● 用途:苔玉、苔盆栽、苔テラリウム

「トヤマシノブゴケ」など、複数の種を含めて呼ぶ総称。山地の湿り気のある日陰や、腐木上や岩上などでよく見つかり、マット状に這うように横に成長することが多いため、苔玉作りによく使用される苔です。生育環境によっても異なりますが、三角形で繊細な印象の葉を付けます。乾燥しても葉が縮みにくく園芸向きですが、湿った状態で管理しているとキレイな緑色の新芽を見ることができます。

スナゴケ

Racomitrium canescens

苔のデータ

- 大きさ（茎の長さ）：2〜3cm
- 生育環境：山林部の日当たりの良い場所など
- 生息地：北海道〜九州
- 用途：苔玉、苔盆景、苔テラリウム

星のような形の葉をつけることで人気の苔。乾燥に強く、河原や山地などの日当たりの良い場所に生息し、黄緑色の群落はとてもキレイです。湿気が多い環境には弱いため、水をあげすぎたり、水持ちが良すぎる用土は使えません。また直射日光を好み、光合成不足だと茶色く変色してしまいます。特に苔テラリウムで選ばれることの多い苔ですが、湿気を避けるためにオープンタイプの容器を使うようにしましょう。

苔 の 図 鑑

オオスギゴケ

Polytrichum formosum

苔のデータ

● **大きさ（茎の長さ）**：5〜20cm

● **生育環境**：日陰〜半日陰の地上や腐植土上

● **生息地**：北海道〜九州

● **用途**：苔盆景、苔テラリウム

似ている種類に「ウマスギゴケ」があり、肉眼ではほとんど区別がつきません。葉は針のように固く、枝分かれはしません。環境によって大きさや色が大きく変化し、茎の長さは5cm程度から大きいものだと20cmほどにもなります。

日本全国の低地から山地で見られ、日陰の湿った地上や腐植土のたまるようなところに群生しています。日本庭園の資材としてはもっとも多く利用されている苔で、テラリウムに使うとまるで小さな杉の木のように見えます。

コスギゴケ

Pogonatum inflexum

苔のデータ

- **大きさ（茎の長さ）**：1〜5cm
- **生育環境**：日陰〜半日陰の山間部など
- **生息地**：北海道〜九州
- **用途**：苔盆景、苔テラリウム

日本各地の低地に普通に見られる苔で、湿った土に生息し、神社やお寺の境内などでよく見られます。杉に似ている形の葉は、不透明な緑色で細長く、長さは約5〜8mmあります。乾燥には比較的強く、乾燥すると葉が縮れますが、水をあげると再び元気に葉を広げます。秋から冬にかけて作られる胞子体は白い毛で覆われており、オオスギゴケ（P.167）と同様、庭園や苔テラリウム作りで重宝されます。

苔の図鑑

カサゴケ

Rhodobryum Hampe

苔のデータ

- **大きさ**：茎 2〜8cm 葉 10mm程度
- **生育環境**：日陰の山間部、腐葉土上など
- **生息地**：本州〜沖縄
- **用途**：苔テラリウム

傘のように開く葉の形から名付けられた苔で、傘が大きなものは「オオカサゴケ」と区別される場合もあります。日陰地の山の斜面や腐葉土上に、群落を作って生息しています。特にオオカサゴケは茎が長く、苔テラリウムでは非常に重宝されますが、暑さや乾燥に弱いため栽培が難しく、1本200円以上で取引されていることもあります。育てる場合は、密閉されていない容器（ただし口は狭い方が良い）で管理し、マメに水をやることが大切です。

ギンゴケ

Bryum argenteum

苔のデータ

- ●**大きさ（茎の長さ）**：0.5～1cm
- ●**生育環境**：日当たりの良い場所全般
- ●**生息地**：日本全国
- ●**用途**：苔盆栽、苔盆景

アスファルトの隙間や縁石など、世界中のどこにでも生息している苔です。乾燥や暑さに強く、コンクリートやブロック塀の表面など場所を選ばず生息でき、南極大陸にも存在することがわかっています。葉の上部には葉緑体がないため透明で、乾燥すると銀白色に見えるため、この名がつきました。コンクリートの壁面では、ハマキゴケなど他の苔と混生していることが多いので、採取するのであれば塊を土ごと採るのがおすすめです（事前に所有者の許可を取りましょう）。

ホソウリゴケ

Brachymenium exile

苔のデータ

- **大きさ（茎の長さ）**：0.5〜1.5cm
- **生育環境**：日当たりの良い場所全般
- **生息地**：日本全国
- **用途**：苔盆栽、苔盆景

ギンゴケと同様、日本全国どんな場所にも生息している苔で、特に西南日本に多いとされています。狭い場所を好んで生息し、市街地やその周辺でよく見られます。見た目もギンゴケとよく似ていますが、乾燥しても銀白色には見えません。卵型の葉は先端が尖っており、長さは１mmくらいあります。非常に強い生命力を持っていますが、蒸れには弱いため、テラリウムには向いていません。育てる場合、夏場は風通しの良い涼しい場所、冬場は日当たりの良い場所に置きましょう。

シラガゴケ

Leucobryum

苔のデータ

- ●大きさ（茎の長さ）：2〜5cm
- ●生育環境：山地の木の根元や腐植土上
- ●生息地：日本全国
- ●用途：苔盆栽、苔盆景、苔テラリウム

アラハシラガゴケやホソバシラガゴケなど、葉が白く見える苔の総称。日本では10種程度が知られており、山中の落ち葉のない表土などに、よく丸い塊を作って生息しています。「山ゴケ」として販売されている苔の中には、このシラガゴケやアラハゴケなどが混在していることが多く、水で濡らしてみるとシラガゴケだけが白く見えるため、簡単に見分けられます。半日陰から日陰の、湿度の高い環境を好むため、特に苔テラリウムに適した苔だと言えるでしょう。

ハマキゴケ

Hyophila propagulifera

苔のデータ

- **大きさ**：5mm以下
- **生育環境**：コンクリートや石垣の表面など
- **生息地**：本州〜九州
- **用途**：苔玉、苔盆栽、苔盆景

湿った状態では明るい黄緑色ですが、乾燥すると葉が内側に巻き込まれ、枯れたような茶褐色に見える様子から、この和名が付けられました。日の光が遮られる森林よりも、日当たりの良い石垣や岩の上、コンクリートの上などを好み、群落を作って生息しています。都会で出会える身近な苔ですが、薄くしか生えないため採取することは難しいでしょう。また、乾燥を好むため、常に湿った状態のテラリウムには適していません。

フデゴケ

Campylopus umbellatus

苔のデータ

- 大きさ（茎の長さ）：6〜7cm
- 生育環境：日当たりの良い山間部など
- 生息地：日本全国
- 用途：苔盆栽、苔テラリウム

日当たりの良い岩場などに生えていることが多く、葉の形が筆の穂に似ていることから、このような名前が付けられています。手触りが良く、日光を反射して輝き、また美しい芝生のレイアウトを作るのに適しているため、特に苔テラリウム作りにおいて人気があります。先端部の茎と葉が落ちやすいため、人の手で撫でたりすると四方八方へ飛び散り、飛び散った先で新芽を出します。ある程度の湿度は必要ですが、蒸れや加湿に弱くカビが生えやすいため、注意が必要です。

チョウチンゴケ

Mniaceae

苔のデータ

- **大きさ**:茎 2〜4cm 葉 5〜6mm
- **生育環境**:半日陰の腐葉土上など
- **生息地**:日本全国
- **用途**:苔玉、苔盆栽

ケチョウチンゴケやオオバチョウチンゴケなど、葉の形がちょうちんに似ているチョウチンゴケ科の総称。半日陰の地上や岩上など、湿った環境に集合して生息し、透き通るような薄い葉のものが多いです。茎の先端には細長い無性芽が多数つき、日陰であれば乾燥しても枯れにくいため、苔玉作りや苔庭によく使用されます。なお、葉の長さが4〜8mmと大きなものは、オオバチョウチンゴケに分類されます。

コツボゴケ

Plagiomnium acutum

苔のデータ

- **大きさ**:1〜2cm（直立）4〜6cm（横に這う）
- **生育環境**:半日陰〜日陰の地上や岩上
- **生息地**:日本全国
- **用途**:苔玉、苔テラリウム

日本各地の山地や土手などで見られる苔で、花が咲くように上向きに葉を広げます。葉は先の尖った卵型で明るい黄緑色で、秋〜冬にかけては色あせて葉や茎も細くなってしまいますが、枯れたわけではなく休眠した状態で、春先にはまた元気な状態に戻ります。日陰で安定した湿度の場所を好みますが、乾燥した室内でも問題なく育つため、苔玉や苔テラリウムによく利用されます。同じコツボゴケでも、直立するタイプと横に這って伸びるタイプがある点が特徴です。

シッポゴケ

Dicranum japonicum Mitt

苔のデータ

- **大きさ（茎の長さ）**：5〜10cm
- **生育環境**：山林の腐葉土上などの半日陰
- **生息地**：日本全国
- **用途**：苔テラリウム

動物のしっぽのような形が特徴的な苔で、湿気の多い環境に生息しており、半日陰や日陰の苔庭によく植えられています。日本全国の、山地の腐植土上や大木の根元などで見られます。毛足が長く直立しており高さが出せるため、苔テラリウムに入れる苔として高い人気があります。直射日光を嫌い蒸れと暑さには弱く、夏場は注意が必要ですが、寒さには強く冬でもキレイな緑色を保っています。

ヒツジゴケ

Brachythecium moriense Besch

苔のデータ

- ●**大きさ（茎の長さ）**：4〜5cm
- ●**生育環境**：低地の地上、岩上など
- ●**生息地**：北海道〜九州
- ●**用途**：苔玉、苔盆栽、苔テラリウム

ハネヒツジゴケやアラハヒツジゴケなどの総称で、ハイゴケと間違えられることもありますが、ハイゴケよりも葉の形がギザギザしています。市街地でも緑の多い場所では見つけることができ、乾燥しても葉が縮れにくい性質のため、昔から苔玉作りでよく利用されてきました。明るい黄緑色で光沢があり、薄いマット状で生息しているため、テラリウムでも芝生のレイアウトを作る用途において人気があります。

苔の図鑑

コウヤノマンネングサ

Climacium japonicum

苔のデータ

- ●**大きさ（茎の長さ）**：5〜15cm
- ●**生育環境**：渓流域の森林など湿潤な環境
- ●**生息地**：北海道〜九州
- ●**用途**：苔テラリウム

大型の美しい苔で、一本一本が独立しているように見えますが、地下茎でつながっています。地下茎を伸ばしやすい柔らかい土壌を好み、山地の腐葉土上など湿気の多い場所に生息しています。「コケ」ではなく「クサ」という名前が付いているだけあり、日本産の苔では最大級の種のひとつです。この名前は「高野の万年草」という意味で、かつて高野山では霊草（不思議な効果のある草）として扱われていました。

ヒノキゴケ

Pyrrhobryum dozyanum

苔のデータ

- **大きさ（茎の長さ）**：5〜10cm
- **生育環境**：山地の腐植土上など
- **生息地**：本州〜沖縄
- **用途**：苔盆景、苔テラリウム

とても細く繊細な葉が特徴的な、別名「イタチのシッポ」と呼ばれる苔。あまり日が当たらない、湿度の高い半日陰の環境を好み、美しい群落を作るため、テラリウム作りにおいてはもっともポピュラーな苔のひとつです。直射日光の当たる場所や乾燥した環境では生育しないため、密閉された容器の中で管理するのがもっとも適しています。一方で気温の変化には強いため、日当たりの悪い環境ではむしろ育てやすい苔だと言えるでしょう。

タマゴケ

Bartramia pomiformis

苔のデータ

- 大きさ（茎の長さ）：4〜10cm
- 生育環境：山地（特に斜面）
- 生息地：北海道〜九州
- 用途：苔盆栽、苔テラリウム

何よりも、冬から春にかけて付ける球形の朔が特徴的な苔。この朔は、未熟な状態だと尖った形をしていますが、やがて透明感のある黄緑色になり、熟すと赤茶色に変わっていきます。葉の色は、他の苔に比べて明るい緑色をしているため、他の苔と合わせても目立ち、苔盆栽や苔テラリウムでよく利用されます。なお、管理している環境でうまく受精できないこともあり、必ずしも朔がつくとは限らないという点は、注意しなくてはなりません。

苔 何でもQ&A

以下では、苔と付き合っているとよくあるトラブルや疑問を、Q&A形式で紹介しています。困ったら参考にしてみてください。

Q 旅行で数日いない場合はどうすれば良い?

A1　いつもより多めに腰水をします

苔玉や苔盆栽に4日以上、水をやれない場合は、P.41で紹介した腰水の水の量を増やします。通常よりも2〜3cm多く水をあげましょう。ただし真夏は水が温まってしまうため、この方法はできません。

真夏は水を多く含ませたタオルでくるみ、上からラップを巻く(または下で紹介している二重鉢で保湿する)

苔盆栽の場合は、鉢の足の長さの分も考慮して水位を調整する

A2　二重鉢で保湿します

なるべく大きな鉢に土(赤玉土や腐葉土)を敷き詰め、土全体が濡れるように水をたっぷりと染み込ませる

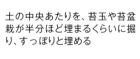

土の中央あたりを、苔玉や苔盆栽が半分ほど埋まるくらいに掘り、すっぽりと埋める

苔盆栽の場合は、鉢ごと埋めてしまう

苔 何でもQ&A

Q 採取した苔でも、苔玉や苔盆栽に使える？

A 使えますが、使いやすい苔を入手することは難しいです

自分で採取した苔でも、もちろん苔玉や苔盆栽に使うことは可能です。街中に生えているホソウリゴケやギンゴケなどは乾燥に強いため、管理も楽です。ただし、園芸用に売られている苔と比べると見栄えが悪く、キレイなシート状のコロニーを見つけることも簡単ではありません。また、栽培された園芸用のハイゴケなどと比べて、森林などに生えている苔は葉が小さい傾向にあります。

ホソウリゴケのコロニー。都心部でもアスファルトに生えているのを見つけることは可能だが、葉の下の土台はキレイでない場合が多い

Q 街に生えている苔を勝手に取っても大丈夫!?

A 私有地の苔を採取する場合は許可を取りましょう

私有地で採取する場合は必ず敷地の所有者や管理者の許可を取りましょう。私有地かどうかを調べる方法は、その地域の役所などに問い合わせてください。

また、許可を取って採取する場合は、その苔の種類を確認しましょう。苔は生育に適しているため、その場所にいます。何の苔か知らずに持って帰ってきて、環境が合わずすぐ枯らせてしまう、ということがないようにしましょう。

山や森林も必ず所有者や管理者がいるので、許可なく採取することは厳禁

Q 苔が盛り上がってきたけど何で？

A 葉が伸びたためです。

苔盆栽や苔テラリウムの苔は、仕込んだ直後はちょうど良いボリューム感でも、時間が経つと葉が伸びて盛り上がってきます。元気に成長している証拠なので全く問題ありませんが、見た目が気になる場合は適時、葉をカットしましょう。

苔の表側だけでなく、裏側には茶色くなった古い葉が絡みついているため、厚みが気になるようであれば切ってしまう

Q 苔玉や苔盆栽はいつまで楽しめる？

A しっかりと管理すれば半永久的に楽しめます。

苔にとって適した環境で、しっかりと水をあげていれば、苔はいつまでも元気な緑色の状態を保ってくれます。たとえ表面の苔が枯れても、下から新しい苔が生えてきます。長く伸びすぎて切った苔も、挿し木をすればそこから新芽が出ます。P.40で苔玉が黄色くなってしまった時の対処法を紹介しているので、参考にしてください。

左の写真が、仕込んだ直後の桜の苔盆栽。そこから枝を伸ばして針金をかけて懸崖仕立てにし、4年後（右写真）には植え替えも行なった

苔 何でもQ&A

Q 苔玉を室内で楽しみたい!

A 観葉植物や多肉植物で作りましょう

苔玉に使用するハイゴケやヤマゴケなどの苔は日光を必要とするので、基本的には屋外での管理が望ましいです。ただし室内でも、窓辺の日当たりが良い場所などを選べば、元気な状態を維持できます。
その場合は、包む植物にも気をつかう必要があります。観葉植物や多肉植物など、室内での鑑賞に適した植物でないと、枯らしてしまう可能性が高いでしょう。

アイビーとフィカスプミラを寄せ植えした、顔つき苔玉のこけっぴ。観葉植物どうしを合わせているため、室内でも問題なく管理できる

Q ミズゴケが緑色になってきた!

A ミズゴケは光合成で緑色に変わります。

水で戻した乾燥ミズゴケで苔玉などを作った場合、光合成によってだんだんと緑色に変わっていきます。色を変えたくないのであれば、日光の当たる場所を避け、風通しの良い室内で管理しましょう。ただし、ミズゴケが緑色に変わっていくのは元気な証拠で、その場所が生育に適しているということなので、気にならないようであれば、そのままの環境がおすすめです。

すっかり緑色になったこけっぴ
(P.54〜参照)

ミズゴケが緑色になるのは元気な証拠。その変化を楽しもう

Q 石やフィギュアはどこで手に入る?

A 模型ショップや園芸用品店などで手に入ります。

苔盆景や苔テラリウムのアレンジで活用できるフィギュアは、鉄道模型などを扱うお店や100円ショップなどで購入できます。小石やウッドチップは、園芸洋品店やホームセンター、アクアリウムショップなどで販売されています。また、近年はインターネットで気軽に注文できるお店も多いので、まずは検索してみることをおすすめします。

無数の穴があり、水質浄化作用も期待できる溶岩石は、アクアリウムショップや水生植物を扱う園芸店などで購入できる

Q こけっぴがキレイに作れない…

A 揉み込みが足りないかもしれません。

水で戻したミズゴケは、充分に揉み込んで繊維を柔らかくしないと、丸めた後にボロボロと崩れてしまいます。充分に柔らかくなったかどうかの判断は、ミズゴケのひも状の形が判別できなくなった状態を目安にします。

乾いたら水を足しながら、ゆっくりと揉みほぐしていく。写真のようにひも状の繊維が判別できないくらいまで揉み込めば、丸めた後に崩れることもない

苔　何でもQ&A

Q 苔から雑草が出てきたけど抜いたほうが良い？

A 発見したら抜き、必要に応じて植え替えを行ないましょう。

苔玉や苔盆栽の苔に雑草の種子や胞子が含まれていると、後から雑草が生えてきます。雑草を発見したら、成長する前に抜いてしまいましょう。雑草の根元をしっかり押さえ、雑草の根と一緒に苔がめくれてしまわないように注意してください。

雑草は繁殖力が強いため、放っておくとあっという間に増えてしまう。見た目を損なうだけでなく、苔の水分を奪ってしまうため、早めに除去しよう

Q 肥料は必要ない？

A 苔には必要ありません。

苔は、茎や葉の表面から水と日光を吸収して成長します。そのため、肥料を与える必要はありません。ただし、苔玉や苔盆栽に使用する植物によっては、肥料が必要なものもあります。本書内に登場する植物は、基本的には肥料なしでも問題ありませんが、桜（P.71参照）などは肥料を与えた方が発育が良くなります。肥料はタブレット状のものが扱いやすくおすすめです。肥料が必要かどうかわからない場合は、インターネットで調べたり、購入するお店の人に聞いてみると良いでしょう。

Q 苔が白く変色してしまう

A 水が原因かもしれません。

水道水に含まれる塩素（カルキ）に反応して、苔が白く変色することがあります。また、テラリウムの容器の内側が、カルキによって白く汚れてしまうこともあります。カルキの濃度は地域によって異なり、濃度が高い地域の場合は注意が必要です。カルキを抜きたい場合は、水道水を日光の当たる場所に置いておきましょう。1日ほど置いておくと、カルキが抜けます。

Q 苔の中に虫がいる！

A ピンセットで取り除きましょう。

苔は虫が付きにくい植物だと言われています。確かに苔を食べる虫はほとんどいませんが、苔を住処にする虫はいます。そのため、採取してきた苔は水をはったバケツなどに浸し、洗ってから使いましょう。苔玉や苔テラリウムに虫がいるのを発見した場合は、ピンセットで取り除きます。卵を産んでいる可能性もあるため、取り除いた後で苔を洗い、土を替えることをおすすめします。

Q 苔の寿命はどれくらい？

A 種類によって違います。

多くの苔は多年草のため、2～3年は生きることができます。寿命を迎える前に胞子を飛ばして繁殖するため、たとえば苔玉の表面の苔が枯れても、下から新しい苔が生えてきます。ただし、苔玉や苔盆栽に植え付けた植物が生長すると、そのうち根をはるスペースが足りなくなり、根づまりを起こして枯れてしまいます。そのため長持ちさせるためには、3年に1回は植え替えをする必要があります。

 街に生えている苔と山の苔で違いはある？

A 見た目や大きさに違いが出ます。

同じ苔でも、生育環境によって見た目に違いが生じます。種類にもよりますが、都会の乾燥した環境で道路などに生える苔は葉が小さく、色も茶色っぽいものが多いです。また、自生している苔と人工的に栽培された苔でも違いが出ます。例えばハイゴケは、山間部で採集されたものと栽培品種の両方が流通していますが、栽培品種は自生しているものに比べて葉が小さくて荒い傾向にあります。

 苔にカビが生えてしまった！

A 早めに除去しましょう。

苔テラリウムの中に、ふわふわとした白いクモの巣のようなものを見つけたら、それはカビです。放置してカビが広がると、苔を枯らしてしまう危険性があります。発見したらすぐに、ピンセットや綿棒を使って取り除いてください。その後、中の土や苔を取り出し、容器を洗って乾燥させてから再び戻せば、完全に除去できたと言えます。カビ対策には、容器を風通しの良い場所に置き、密閉タイプの場合は定期的にふたを外して換気をしましょう。

SHOP INFORMATION

苔や植物を扱うお店

苔や、苗木などの植物を扱うおすすめのお店を紹介します。本書の監修を担当した石戸氏も、日頃から利用しているお店です。

苔日光
http://www.koke-nikko.com

どこよりも安く、良質な苔

電話:090-2625-2211
メール:info@koke-nikko.com
定休日:年中無休
営業時間:8:00～22:00

栃木県から、豊富な種類の苔を全国へ配送。品質の良い苔を安く提供しており、大トレー（390×580mm）の他、中・小トレーでも対応（要相談）

日興建材 石州這苔屋
http://nikkokenzai.jp/sekishuhaigokeya/

最適な環境で育った美しさを誇る苔

電話:0855-55-1020
住所:島根県江津市浅利町208-2
定休日:第二、第四土曜、日曜、祝日

苔の育成に最適な湿度と、日照などの環境が揃った島根県の山間部で栽培した苔を、全国に配送。苔玉や苔テラリウムも販売している

川口BONSAI村

https://kawaguchibonsaimura.com

四季を感じる心の癒し

電話:048-286-3108
住所:埼玉県川口市神戸205-1
メール:info@kawaguchibonsaimura.com
定休日:毎週水曜日
営業時間:9:00〜17:00

都心から車で30分ほどの場所にある、緑にかこまれた盆栽園。
ミニ盆栽や小鉢、盆栽道具などを販売しています。駐車場あり

安行共販センター

**さまざまな季節の
苗木や盆栽が豊富**

電話:048-295-1489
住所:埼玉県川口市大字安行領家506
定休日:無休
営業時間:10:00〜17:00(冬季は16:00まで)

川口市を中心に、近郊の地域の生産者や盆栽家が作った苗木や盆栽を
共同販売しています。

監修者紹介
Supervisor

石戸明一　Akihito Ishido

- 1967年6月8日生まれ
- 血液型：A

埼玉県川口市「緑花星」主宰代表。苔玉作家、埼玉県園芸指導者。苔玉教室やテラリウム教室、各種イベントやワークショップなどで教える園芸講師として幅広く活動している。

大切なことは苔との対話

苔の仕事に携わって早10年。誰しも最初は初心者であり、分からないことだらけです。私自身もそうでした。苔は公園や道端等身近な環境に生息していて、愛でて楽しむこともできます。さらに苔玉を作ったり、テラリウムを作ったりして成長を楽しむこともできます。苔に興味を持ち、始めるにあたり、初心者が疑問に思うことや分からないことの多くが、この本で解消されると思います。苔は生き物なので、水加減や光加減も大事ですが、一番大事なのは苔と対話をすることだと思います。愛情を持って接していれば反応してくれますし、苔から気づきを与えてもらえることもあります。この本を通じて、奥深い苔に興味を持って頂けたら幸いです。

石戸明一

教室風景

苔玉教室やワークショップイベントなど、2万人以上を教えてきた実績を持つ。時代のニーズを押さえつつも既存の枠組に捉われず、自由な発想で作品を生み出している

テレビ取材

朝の情報番組「スッキリ」（日本テレビ）
あのニュースで得する人損する人（日本テレビ）
所さんの学校では教えてくれないそこんトコロ！（テレビ東京）
ニノさん（日本テレビ）　など

実績

モスファーム主催の苔コンテストに入選
日本フラワーデザイン大賞 2010・2012に出展
デザインフェスタ10回出展
ハンドメイドインジャパンフェス 5回出展
東急ハンズ ワークショップ講師
関東農政局で講師
よみうりカルチャー講師
NHKカルチャー講師
セブンカルチャー講師
株式会社カルチャー講師　など

一番くわしい 苔の教科書

2019年11月10日 発行

STAFF

PUBLISHER
高橋矩彦　Norihiko Takahashi

EDITOR
西下聡一郎　Soichiro Nishishita

DESIGNER
小島進也　Shinya Kojima

ADVERTISING STAFF
久嶋優人　Yuto Kushima

PHOTOGRAPHER
小峰秀世　Hideyo Komine

SUPERVISOR
石戸明一　Akihito Ishido

Printing
シナノ書籍印刷株式会社

PLANNING, EDITORIAL & PUBLISHING
(株)スタジオ タック クリエイティブ
〒151-0051 東京都渋谷区千駄ヶ谷3-23-10 若松ビル2階
STUDIO TAC CREATIVE CO.,LTD.
2F,3-23-10, SENDAGAYA SHIBUYA-KU,TOKYO 151-0051 JAPAN
[企画・編集・広告進行]
Telephone 03-5474-6200　Facsimile 03-5474-6202
[販売・営業]
Telephone & Facsimile 03-5474-6213

URL http://www.studio-tac.jp
E-mail stc@fd5.so-net.ne.jp

警告　WARNING

■この本は、習熟者の知識や作業、技術をもとに、編集時に読者に役立つと判断した内容を記事として再構成し掲載しています。そのため、あらゆる人が作業を成功させることを保証するものではありません。よって、出版する当社、株式会社スタジオ タック クリエイティブ、および取材先各社では作業の結果や安全性を一切保証できません。作業により、物的損害や傷害の可能性があります。その作業上において発生した物的損害や傷害について、当社では一切の責任を負いかねます。すべての作業におけるリスクは、作業を行なうご本人に負っていただくことになりますので、充分にご注意ください。

■使用する物に改変を加えたり、使用説明書等と異なる使い方をした場合には不具合が生じ、事故等の原因になることも考えられます。メーカーが推奨していない使用方法を行なった場合、保証やPL法の対象外になります。

■本書は、2019年9月27日までの情報で編集されています。そのため、本書で掲載している商品やサービスの名称、仕様、価格などは、製造メーカーや小売店などにより、予告無く変更される可能性がありますので、充分にご注意ください。

■写真や内容が一部実物と異なる場合があります。

STUDIO TAC CREATIVE
(株)スタジオ タック クリエイティブ
©STUDIO TAC CREATIVE 2019 Printed in JAPAN

●本書の無断転載を禁じます。
●乱丁、落丁はお取り替えいたします。
●定価は表紙に表示してあります。

ISBN978-4-88393-864-3